大活字本シリーズ

武士たちの作法

戦国から幕末へ

中村彰彦

《下》

埼玉福祉会

武士たちの作法　下

戦国から幕末へ

装幀　巖谷純介

武士たちの作法　戦国から幕末へ

◇

下巻／目次

Ⅱ　戦国から幕末へ（承前）　7
新選組外伝　祐天仙之助の末路　9
血もたぎる下級武士の怨念　46
高杉晋作と奇兵隊の真実　76
Ⅲ　歴史に学ぶ人生の風格　111
軍師　竹中半兵衛の人生の感慨　113

小早川隆景はなぜ秀秋を養子としたか　122
烈婦の慕情　木村重成の妻の場合　131
北政所にとっての「今生の思い出」　139
名家老　福島丹波の論理と倫理　147
「知恵伊豆」松平信綱の最後の願い　156
名君　保科正之、高天原をめざす　165
新選組伍長　島田魁、二君に仕えず　173
脱藩大名　林忠崇の長寿の秘訣　182
松平容保と戊辰の殉難者　191
最後の会津武士　町野主水の遺言　199

歴史家　藤原相之助の涙と毛布　208

Ⅳ　私の会津史　217

ＮＨＫ大河ドラマ「江」の問題点　219
前田綱紀に帝王学を教えた会津の名君　保科正之　236
山本八重　鮮やかな人生　270

あとがき　296

Ⅱ 戦国から幕末へ（承前）

新選組外伝　祐天仙之助の末路

　幕末とは、僧侶、神官から芸者や侠客《きようかく》に至るまでが尊王攘夷派《そんのうじようい》（勤王派）と公武合体派《こうぶがったい》（佐幕派）に分かれた時代である。

　このうちで侠客と呼ばれる男たち、要するにやくざを俎上《そじよう》に載せることにすると、まずよく知られた勤王やくざとしては黒駒勝蔵《くろこまのかつぞう》をあげることができる。とりあえず宮崎十三八《とみはち》・安岡昭男編『幕末維新人名事典』によって、そのプロフィールを眺めておこう。

「**くろこまのかつぞう　黒駒勝蔵**（一八三二〜一八七一　一一・二

六）甲斐黒駒村若宮（山梨県東八代郡御坂町）の名主小池嘉兵衛の次男。一八五六年博徒となり島抜けの竹居の安五郎の弟分として売り出すが、安五郎の逮捕にからんで追われる身になり、のち京都に行き赤《せき》報隊《ほうたい》に入る。さらに四条隆謌隊《たかうたたい》に配され奥州で転戦。兵制改革により金山に手を出すが失敗。脱隊の罪で捕らえられるが、大赦前の罪を問われて斬首《ざんしゅ》（以下略）」

赤報隊、四条隆謌隊はいずれも明治新政府軍の一部だから、黒駒勝蔵は旧悪が露見して斬首されたとはいえ、勤王やくざと形容してよいのである。

対して佐幕派のやくざといえば、水野弥太郎こと岐阜の弥太郎が思い出される。今川徳三『日本侠客一〇〇選』のうちの同人の項を上記の事典風に整理するとつぎのようになる。
「**ぎふのやたろう　岐阜の弥太郎**（一八〇五～一八六八　二・一八）大垣藩十万石松平家に仕える医師の家に生まれて博徒になった異色の存在。佐幕派の藩主に従って上京し、薩摩、長州、土佐の尊王攘夷派の動静を探った。ところが鳥羽・伏見の戦いで薩長が勝利をおさめると、大垣藩も新政府軍側につき、佐幕派分子の投獄に踏み切った。弥太郎も逮捕され、牢内で首を括《くく》って自殺」

両者ともに哀れな末路をたどることになったが、右の簡単な記述からも、幕末とは侠客たちもこぞって時代の波に乗ろうとした時代だったことがおわかりいただけよう。

そのような時代の雰囲気を頭に入れておいて、本稿ではもう少しで新選組隊士になるところだった侠客祐天《ゆうてん》仙之助の人生を追いかけてみる。

遊女をめぐって大暴れ

私が調べたところでは、かれは文政七年（一八二四）、甲斐国の生まれである（場所は未詳）。もとの名は吉松といい、幼い日に甲府元紺屋町の行蔵院という寺に預けられ、祐天と名づけられた。祐天とは、吉松の修験者《しゅげんじゃ》（山伏）としての名前だったわけである。

祐天は若いころから剣術を好み、力も強くて三人力だといわれていた。年月日の不明なのが口惜しいところだが、おそらくまだ十代後半だったときのこと。行蔵院の公事《くじ》（民事訴訟）に関与して駿府《すんぷ》へ旅した祐天は、修験者仲間の教昌寺という者の厄介《やっかい》になった。ところが、駿府の二丁町には遊女屋がある。そこへ日参するうちに祐天はある遊女に溺《おぼ》れ、

「あの女をもらい受けたい」

と遊女屋の主人と強談《ごうだん》に及んだ。

しかし、遊女を身請《みう》けするにはその女の抱えている借金をきれいに清算する必要がある。祐天にそんな金などないから主人がこれを拒否したところ、祐天は怒って暴れ出し、ついには遊郭の男たち四、五十人と大乱闘に及んだ。

遊女屋に雇われた男たちが「忘八《ぼうはち》」と呼ばれるのは、かれらは孝・悌《てい》・忠・信・礼・義・仁・智の八文字を忘れ果てた不徳義漢だから、

という意味合いにほかならない。祐天の乱闘の相手はこの忘八たちだったと見られるから、その度胸のよさだけは見上げたものである。

　その忘八たちから怪我人《けがにん》が出、祐天も少々負傷したため、遊女屋の主人にとって事態は面倒なことになった。死人でも出たら駿府町奉行所の者が出動し、吟味《ぎんみ》をおえるまで店をひらけなくなってしまう。

　そう考えた遊女屋の主人が祐天にその遊女を連れ去ることを認めたので、かれは悠々と駿府を後にした。

「右喧嘩《けんか》之働き誠に強勇ニ而《て》、人々恐れ、今ハ通《とお》り者に相成《あいなり》候由」

（『藤岡屋日記』第十一巻）

　と教昌寺は語ったそうだが、「通り者」とはやくざという意味。この事件をきっかけに遊侠の徒となった祐天は甲州のうちに子分を持つようになり、たびたび喧嘩をしても一度も負けたことがなかった。

「おれは山本勘助の末流だ」

といって、祐天が山本仙之助と名乗ったのはこのころのこと。武田信玄の軍師山本勘助の名はまだ甲州ではよく知られていたため、かれは山本姓を僭称《せんしょう》したものと思われる。当時の甲州の博徒の大親分は、甲府の柳町に住んで甲州一円に睨《にら》みを利かせる三井の宇吉であった(宇吉は卯吉とも表記する)。宇吉は祐天が駿府で四、五十人を相手に大立ちまわりを演じたと知るや、その祐天を子分にして代貸しとして用いることにした。

甲府の柳町は甲州街道の宿場町だけに、旅籠《はたご》が軒をつらねていて裏通りでは御禁制の博打《ばくち》場もひらかれる。というのに、子分七百人をかかえる三井の宇吉の博打場だけは、関東取締出役《しゅつやく》、別名八州廻りとその配下の者たちに踏みこまれたことがなかった。宇吉自身が十手捕縄《とりなわ》を預かる身であり、宇吉の息のかかった岡っ引は八百人もいたからである。

津向の文吉火事よりこわい

しかし、祐天はやがて殺人の罪を犯すことになった。

甲府の西郊を流れる釜無川《かまなしがわ》の西岸高尾村に、鷹尾寺という嘉吉《かきつ》三年（一四四三）に建立された古刹《こさつ》がある。毎年九月末日から十月一日にかけての例祭には近在から参詣する者おびただしく、寺の近くには甲州のうちに縄張りを持つ親分たちが集まって丁半博打をおこなうならわしがあった。

博徒は長脇差しか差してはならない定めなのに、親分衆は二尺七、八寸（〇・八二〜〇・八五メートル）もある長刀を佩《お》び、金銀のぎっしり詰まった大きな財布を子分にかつがせてやってくる。命知らずの集まりだけに喧嘩がはじまるのも珍しいことではなく、弘化三年（一八四六）の例祭の日の喧嘩は津向《つむぎ》の文吉、祐天仙之助と呼ばれるようになっていた祐天と、竹居の吃安《どもやす》こと中村安五郎の用心棒をしていた浪人桑原来助《らいすけ》との間ではじまった。

津向の文吉は、一度博打をはじめたら相手か自分が裸になるまで止《や》めようとしないことから、

「津向の文吉火事よりこわい／火事じゃ着物は焼け残る」（『日本俠

客一〇〇選』）と謳われた男。竹居の吃安は、のちに黒駒勝蔵の親分格になる吃音《きつおん》のやくざである。

さて、その喧嘩は両者いったん手を引いたものの、場所を甲州街道の鰍沢《かじかざわ》にうつしてまたはじまった。子母沢寛『新選組始末記』は、その模様を『藤岡屋日記』の記述を下敷きにしてつぎのように書いている。

「来助と（宿の）主人が、酒を飲んでいるところへ、何者とも知れず、表の方から鉄砲を打ちかけた者がある、それが来助の股《また》へ当った。来助は、非常に立腹してすぐに刀を抜いて、鉄砲の（玉の）来た方へ飛出し猛然と追いかけたところ、闇の中に祐天が多数の乾分《こぶん》を引きつれて隠れていて、不意に飛出して、すでに鉄砲で深手のある来助を、それはひどく酷《むご》い殺し方をした」

　この事件については、今川徳三が前掲書の津向の文吉の項に左のように記述していることも紹介しておきたい。

「鰍沢で桑原雷《ママ》助を殺した時、文吉も一緒で、殺すのを手伝った、という。

雷《ママ》助の死体を富士川の河原迄、引ずっていって首を切り落し、胴体は富士川に投げ入れ、文吉は、その首を布に包んで、日頃から憎まれ者の、宮原村（六郷町）の質金こと質屋の金兵衛の家に持ち込んで、首をカタに十両貸せ、といって強引に金を出させたという」

仙之助、京をめざす

それでは、鰍沢で殺された桑原来助とはどのような来歴の持ち主だったのか。

これも『藤岡屋日記』によると、かれは五千石取りの旗本喜連川《きつれがわ》家の家来大村源吾に養子入りし、大村姓となって源吾の娘との間に男児ひとりをもうけた人物であった。というのに弘化二年（一八四五）のうちに剣術修業を思い立って大村家を去り、桑原姓（おそらくは旧姓）となって竹居の吃安の用心棒に雇われたのである。

その遺児については後述することにして、祐天仙之助のその後の悪行の数々を眺めておこう。

「加害者の祐天は、関東取締出役の御用をつとめている身であり、相手は浪人であったので祐天には何のお咎《とが》めもなく済んで終《しま》った。

しかし、この一件があって、鰍沢は居づらくなったのか、東郡の田安家の領内、甲州街道の勝沼に居を定め、菱山の佁太郎その他の子分をもち、田安家領内を縄張りにして、吃安一家と対抗した。

嘉永三年。

国定忠治が捕まる前後、甲州でも博徒が大勢つかまって島流しになったが、この中に吃安、津向の文吉などがふくまれている。

祐天は吃安を島に送ったので、ほっとしているうちに、三井の卯吉《宇》殺しという大事件にぶつかった」（『日本俠客一〇〇選』「祐天仙之助」の項より）

安政四年（一八五七）一月四日、かねてから祐天と敵対していた鬼神吉之助・小天狗亀吉の兄弟は、祐天が甲府山田町の宇吉の別宅に泊まったという噂を聞いてその別宅を襲撃。めざす祐天の姿はなかったため、宇吉とその妾を斬り殺して立ち去った。祐天はふたりの行方を追ったが、ついに宇吉の仇を討つことには成功しなかった。

つづいて安政五年八月には、伊豆七島の新島《にいじま》に送られていた竹居の吃安が島脱《しまぬ》けし、甲州に立ちもどるという事件が起こった。吃安が黒駒勝蔵に目をかけるのはこれ以降のことだが、この吃安は岡っ引たちに捕縛され、文久二年(一八六二)十月六日、石和《いさわ》代官所の牢内で獄死してしまう。祐天としてはほっとしたことであろうが、この文久二年という年は京に集まった尊王攘夷派が佐幕派と目された者たちに対し、天誅《てんちゅう》という名のテロルに走りはじめた年でもあった。

同年七月二十日、薩摩藩士田中新兵衛ほかが元関白九条尚忠《ひさただ》の家臣島田左近を斬り、三日後に四条河原に梟首《きようしゆ》。

おなじく閏《うるう》八月二十一日、田中新兵衛と土佐藩郷士岡田以蔵らが尊王攘夷派から離脱した越後浪士本間精一郎の首を四条河原に晒《さら》す。

同月二十三日、岡田以蔵らが九条家家臣宇郷重国《うごうしげくに》の生首を松原河原に晒し、九月一日には目明《めあか》し文吉の絞殺死体を三条河原で磔《はりつけ》に架ける。

以上のように幕末の政治状況は混迷を深めつつあったのに、甲州方面では侠客たちが、それとはまったく関係のないすったもんだの抗争をくりひろげていたのである。

それを念頭において文久二年から同三年にかけての政治状況の変化を見ると、最大の出来事は文久二年二月十一日、徳川十四代将軍家茂《いえもち》が孝明《こうめい》天皇の妹和宮親子《かずのみやちかこ》内親王を正室に迎えたことであった。これは、なにかと反目しがちな朝廷と幕府の仲を融和させようという、いわゆる公武合体の一表現でもあった。

しかしそうなると、家茂は孝明天皇に皇女降嫁の謝意を伝えるために一度は上京しなければならない。ところが上述のように京では尊王攘夷派の天誅がしきりにおこなわれていて、そんなところへまだ十七歳の将軍を送り出すのは危険きわまりないことと思われた。

では、どうすべきか、と時の幕閣たちが考えこんでしまったとき、幕府に妙案を献策した人物がいた。庄内藩の郷士清河八郎。

——あらかじめ佐幕派の浪士たちを募集して京に送りこむことにより、尊攘激派（過激な尊王攘夷派）の押さえこみを図ればよい。

これを聞いてすっかりその気になった幕府は、募に応じるであろう浪士たちの数を五十人、仕度金はひとり五十両、計二千五百両の予算で充分と踏み、文久三年二月四日に小石川の伝通院に集合させてみた。
ところが案に相違して、集まってきた浪士たちは三百人以上いた。困った幕府は浪士たちを翌日再集合させた上、あらたに浪士取扱い役に任じた鵜殿鳩翁《うどのきゅうおう》から伝えさせた。
「諸君は尽忠報国の士である。今さら手当ての多い少ないによって気持が変わるということはないだろうと信じるけれども、もし不平のある者は、遠慮なく引きあげよ」（小著『新選組全史　幕末・京都編』角川文庫）
これを聞くや失望して立ち去る者もいたが、なおも踏みとどまったのは二百三十四人。約三十人ずつ七組にわけられたかれらは二月八日に京をめざして出発するのだが、その出立ちがすさまじかった。髪ひとつとってみても、総髪の者、野郎坊主の者などてんでばらばら。身につけた衣服も、木綿の無地の羽織、小袴《こばかま》、伊賀袴、野袴、または半纏《はんてん》、股引《ももひき》、割り羽織などを着用していた（同）。半纏に股引姿の者もいるのは、祐天仙之助が二十数人の子分をひきつれて参加していたためであった。おそらくこの子分たちは、喧嘩仕度のような出立ちをして長脇差を佩びていたのだろう。

新選組には所属せず

しかし祐天は旅の途中にはなんの問題も起こしていないので、なぜかれが佐幕派浪士組に参加したのかという問題はあとまわしにして、この組のたどった足取りから述べてゆこう。

一行が京に着いたのは、江戸を出てから十六日目の二月二十三日未明のこと。宿舎としては洛外葛野郡壬生村《かどののごおりみぶ》の前川荘司邸とそれとは小道をはさんでむかい側の八木源之丞邸その他が提供され、前川邸の隣の新徳寺には組外無所属という形で浪士たちに同行してきた清河八郎が入った。

しかも清河は二十三日夜に浪士全員を新徳寺本堂に呼びつけ、一世一代の弁舌をふるった。

「京へ来たのは、近く上洛あるべき将軍家茂公の守護とは只《ただ》名のみの事であって、その真実は、ただただ尊王攘夷の先鋒たらんとするにあるのである。即ち直《ただ》ちにわれわれの意のあるところを天聴に達する必要がある（略）、もとより御異存は御座るまいな」（『新選組始末記』）

清河のこの行動について、かって私は左のように解説したことがある。

「清河八郎は実は佐幕派の浪士ではなく、尊攘激派のひとりであった。万延元年（一八六〇）十二月五日、米国通訳官ヘンリー・ヒュースケンが三田で何者かに斬殺されるという事件があったが、清河がこの襲撃グループに加わっていたことも今日ではあきらかになっている。

すなわち清河は自分の献策によって幕府に集めさせた佐幕派浪士たちを弁舌巧みに尊王攘夷派に洗脳してしまい、極端な異人嫌いとして

知られていた孝明天皇の了解のもと、横浜の外国人居留地を襲撃しようと考えていたのだ」（小著『新選組紀行』文春新書）

本堂にあふれ返った佐幕派浪士二百三十四人を相手に、こんな大演説をするとは清河も一流のペテン師である。その懸河《けんが》の弁に圧倒されてしまったのか、浪士組のなかからこれに異を唱える者はひとりもあらわれなかった。

してやったり、と清河は天皇に浪士一同の名で攘夷の建白書を提出。二月二十九日には攘夷の勅諚《ちょくじょう》を受け取ったので、これによってかれは天皇のお墨つきのもとに晴れて異人斬りを実行できることになったのだ。かれはかねてからの腹案通り横浜で攘夷を実践することにし、浪士組を率いて京を発《た》つ日を三月十三日と定めた。

さて、ここでようやく、のちに新選組の幹部となる浪士たちに出番がまわってきた。その浪士たちとは領袖格の芹沢鴨、その右腕の新見《にいみ》錦《にしき》、および平山五郎、平間重助、野口健司からなる水戸浪士グループと、天然理心流宗家近藤勇《いさみ》の率いるグループ——師範代土方歳三《ひじかたとしぞう》、一番弟子沖田総司、八王子千人同心出身の井上源三郎、松前脱藩永倉新八、伊予松山脱藩原田左之助、仙台脱藩山南《やまなみ》敬助とその弟子筋の藤堂平助たちである。

月日不明ながら清河八郎がまだ京にいるうちに、芹沢鴨は両グループの者たちを八木邸の一室に招いて告げた。

「おのおの、清川《ママ》がこのたび江戸へ帰るともうすがわれら京に花を見にはまいりもうさぬ。尽忠報国攘夷の目的を貫徹せぬにこのまま東下するとはいかん遺憾《いかん》のこと。拙者これには不同意でござる」（永倉新八『新撰組顚末記』）

近藤たちもただちにこれに同意したのは、両派が天皇の主導のもとにおいてではなく、将軍の台命《たいめい》のもとに攘夷を実践することを願う佐幕攘夷派だったためにほかならない。

そこで両派は大同団結して反清河派を結成し、十三名がそろって新徳寺に清河を訪問。京都残留を申し入れると清河は怒り心頭に発した様子だったが、

「お勝手に召されい」（同）

とばかり、畳を蹴《け》って席を立った。ここに佐幕派浪士組は分裂し、

右の十三名とあらたに募に応じた斎藤一《はじめ》らをあわせて二十四名が、京

都守護職である会津藩主松平容保《かたもり》のお預かりとなって新選組を名乗ることになる。

「歴史上のもしも《ヒストリカル・イフ》」は語っても仕方のないこととされているが、もしもこのとき祐天仙之助とその子分たちも京に残留していたら、当然新選組に参加したはずである。そして、その場合は次第に本性をあらわにして博打場などひらき、

「ひどいのが混じっておるな」

と芹沢と近藤が首をかしげるシーンも大いにあり得た。

それにしても、思想などとは無縁に生きてきた祐天はなぜ佐幕派浪士組に参加しようと思い立ったのか。それを考えるには、文久二年十月六日に竹居の吃安が石和代官所の牢内で獄死した出来事を思い起こ

す必要がある。

吃安は祐天のライバル、黒駒勝蔵は吃安に育てられた男。そんな関係から黒駒一家は、

「あれは祐天が獄吏《ごくり》を手なずけて、吃安親分の飯に毒を盛ったんだ」

と噂を流した。それで祐天は甲州に居づらくなり、佐幕派浪士組に参加して京へ身をうつすことにしたのだろう、と私は考えている。

さらにその縄張りの甲州勝沼は、徳川御三卿のひとつ田安家十万石の知行所だった。京の町雀が天皇を崇《あが》め、江戸っ子が将軍を「公方《くぼう》さま」と呼んで親しみを感じるように、このような知行所の住人には徳川家を心情的に贔屓《ひいき》するようになる、という顕著な傾向がある。

祐天がいつしか政治と思想にめざめ、佐幕派になっていたとは考え

られない。そうである以上、祐天が佐幕派浪士組に参加したのは、右のようにおそろしく単純な理由からのことだったのではあるまいか。

仙之助〝仇敵〟となる

さて、祐天仙之助ほかがなにがなんだかわからないうちに清河八郎とともに江戸にもどろうとすると、あらたに浪士取扱い役に任じられた槍の名人高橋伊勢守政晃《いせのかみまさあき》（泥舟《でいしゅう》）が、六人の浪士取締出役を引きつれてこれに同行することになった。

その六人とは、幕臣の佐々木只三郎、速見《はやみ》又四郎、高久保二郎、依田哲二郎、永井寅之助、広瀬六兵衛。これらはいずれも剣の達人で、講武所剣術教授方をしていたことがある。

三月二十八日、一行はなにごともなく江戸に到着し、本所三笠町の旗本小笠原加賀守《かがのかみ》の空き屋敷とそれにほど近い旗本屋敷に分宿した。以後、清河は連日外出して攘夷の軍資金を集めていたが、四月十三日、麻布一の橋にある出羽上ノ山《かみのやま》藩江戸屋敷から出てきたところを右の六人に斬殺された。

老中板倉勝静《かつきよ》は、鵜殿鳩翁から清河の変心を報じられて激怒。この六人に、

「機を見て清河を討ち果たすべし」

と内命を下していたのである。

その四月中に江戸帰還浪士たちは出羽庄内藩のお預かりとされ、

「新徴組」

と名づけられて江戸の市中見廻りを担当することになった。京の市中見廻りは会津藩と壬生浪士組（八月以降、新選組と改称）が、江戸のそれは庄内藩と新徴組が分担する、という構図が成立したわけである。

新徴組には遅れて加入した者もあって総員三百八十名あまりとなり、田安門外飯田町の黐坂《もちのきざか》にある田中玄蕃頭《げんばのかみ》の座敷にも仮屯所がもうけられた。

祐天こと山本仙之助は小笠原加賀守邸にあって八番隊小頭《こがしら》に任じられ、毎日子分二十人を引きつれて市中見廻りに出かけた。平《ひら》隊士でも月に二両の手当てと三度の仕出し弁当が与えられたので、子分たちも羽織袴に両刀を佩び、一見しただけでは元博徒とは思えなかったという。

ところが、祐天とおなじく小笠原加賀守邸に一室をあてがわれた新徴組隊士に、元喜連川家家臣大村達尾《たつお》というまだ十九歳の若者がいた。かれは京への道中では近藤勇とともに六番隊の西恭助組に所属、江戸帰還後は二十五番隊に配属され、出羽米沢《よねざわ》藩浪士で十番隊所属の藤村鬼一郎二十三歳と親しく交わっていた。

そしてあるとき、大村達尾が藤村鬼一郎に告げたのはつぎのようなことどもであった。

「私の父は喜連川家の家来大村源吾に養子入りした者で、名を来助といいました。弘化二年に私が生まれてから桑原来助と名乗り、剣術修業の旅に出ましたが、翌年、甲州街道の鰍沢で何者かに斬り殺されてしまったのです。私は祖父の源吾からそうと聞かされ、なんとしても敵討《あだうち》したいと心掛けてきましたものの、なんの手掛りもないため空《むな》しく月日を費しているのです」（『藤岡屋日記』第十一巻より意訳）

すると、藤村鬼一郎からは意外な答えが返ってきた。

「私も剣術修業の旅をしていましたが、先年、旅先で懇意になった下総佐倉藩の海原貞次郎という人からこんな話を聞きましたよ。海原氏が弘化四年のうちに鰍沢へ旅したとき、ある事件について耳にしたというのです。それは桑原来助と申す者が鰍沢へ一泊した際、博徒の親分で祐天という者が宿の主人と口論したので、桑原来助が見兼ねて割って入った、すると祐天はいったん引きあげてから来助に鉄砲を撃ちかけた。股を撃たれた来助が抜刀《ばっとう》して追いかけたところ、祐天とそ

の子分たちがむかってきてついに来助を斬り殺してしまったというのです」（同）

大村達尾が祖父の源吾から聞いたところとは微妙に細部が異なるにせよ、全体としては辻褄《つじつま》が合っている。

ではその祐天という渾名《あだな》の者はどこにいる、敵討するなら藤村鬼一郎が助太刀《すけだち》を買って出る、という話になるうちに、ふたりは前後して、「新徴組八番組小頭の山本仙之助こそ、かつて祐天と称していた俠客だとの風聞がある」

との噂を耳にした。なんと大村達尾の父の仇は、おなじ新徴組、しかもおなじ屯所のうちにいたのである。

しかし、行動を起こすには祐天と山本仙之助が同一人物かどうかを確認しておかねばならない。ふたりがあれこれ調べても、どうにも確証がつかめないうちに文久三年十月十五日となり、ふたりは用向きを果たすために千住《せんじゅ》へ出かけた。

ここから、話は急な展開を見せる。

本所から千住へゆくには、山谷浅草町、中村町を北に越えて処刑場のある小塚原町《こづかっぱらまち》を過ぎ、長さ六十六間（約一二〇メートル）の千住大橋をわたる必要がある。途中の小塚原町で大村達尾と藤村鬼一郎は、ばったりと山本仙之助に出くわした。

千住一丁目の決闘

そこで、鬼一郎が「来助を殺害に及び候始末」をたずねたところ、仙之助は「承知致し候旨相答え」たかと思うとその場から逃げ去り、ふたりは行方を見失ってしまった。右の引用部分は『藤岡屋日記』第十一巻、十月二十日の項を読み下したものだが、これは鬼一郎が、「お手前にちとおたずねしたい、かつて鰍沢で桑原来助という者を斬ったのはお手前ではないか」

と問いつめたところ、

「その話なら聞いたことがあるな」

と仙之助はとぼけて答え、そのまま逃げてしまったということであろう。

仙之助の逃げ去ったのは千住の宿場のひろがる方面だったので、達尾と鬼一郎は手分けして人の潜めそうなところをシラミつぶしに調べてゆき、ついにあけて十六日の八つ刻《どき》（午前二時）ごろ、千住一丁目で仙之助の姿を発見することができた。

達尾ひとりが祐天こと山本仙之助に立ちむかい、鬼一郎はそのかたわらに控えてふたりが斬りむすぶのを見守った。

達尾は剣の達人だったらしく、喧嘩殺法得意のはずの祐天はまったく相手にならなかった。

結果として祐天は一方的に斬りまくられたあげく達尾に首を奪われておわるのだが、これを検視した千住代官所の代官木村董平《とうへい》の残した記録によると、その主な傷は都合五カ所に及んでいた。

「仙之助儀、背横ニ切込疵《きりこみきず》壱ヶ所、同処右ニ寄《より》、筋違《すじかい》ニ長《ながさ》七寸（約二一・二センチメートル）、五寸（約一五・二センチメートル）程切

疵二ヶ所、同所右ニ同壱ヶ所、首切落有之《きりおとしこれあり》、右首頰横ニ切込疵壱ヶ所有之」（同）

達尾はその後も冷静であったらしく、祐天の首を提げて千住の自身番屋にやってきたときには盥《たらい》に水を汲《く》ませて生首を三度その水に浸し、「人を祈らバ二ツ穴を求める道理之義（と）申《もうし》候趣ニ御座候」（同）と述べたという。

「人を祈らば二ツ穴」とは「人を呪わば穴ふたつ」という表現とおなじことで、人に害を与える者は自分も害を受ける、という意味である。

大村達尾による祐天仙之助殺しはすぐに敵討であることが証明されたので、かれは罪に問われることなくおわった。

一方の祐天は哀れな末路をたどると同時にこれまでの悪行をひろく知られるところとなり、このあとしばらく千住ではつぎのような狂歌が流行した。

「名僧も悪も勇天《祐》名が高しもう悪い事仙之助なり」

「口惜《くちおし》と腹を達尾の年月も今ぞ敵《かたき》にめぐり大村」（同）

大村達尾と藤村鬼一郎の名はその他の史料には見当たらないので、その後このふたりがどのような生涯を送ったのかはわからない。

だが、祐天については後日談がある。竹居の吃安は祐天の手の者によって毒殺されたとなおも信じていた黒駒勝蔵は、元治《げんじ》元年（一八六四）三月十三日、勝沼の祐天宅を二十人あまりで襲撃。祐天の身代わりに、伊助という者を殺害に及んだのである。

これはまだ祐天が生きて勝沼にいると信じての犯行であり、黒駒一家の情報収集能力がロクなものでなかったことを証拠立てる。黒駒勝蔵はこれらの軽率な行動から一家を解散して京坂地方を転々とせざるを得なくなり、結果として伊助殺しの罪その他を問われて刑死する運命をたどるのである。

「外伝」とは、正史から洩《も》れた伝記や逸話のことをいう。祐天こと山本仙之助が佐幕派浪士組に参加したことはよく知られていたが、その最後の模様をきちんと書いた読物はないようなので、今回は「新選組外伝」としてその四十年の生涯を追いかけてみた。

（「歴史通」二〇一〇年一月号）

血もたぎる下級武士の怨念

「庄内藩の清河八郎、薩摩藩の中村半次郎（のちの桐野利秋）、土佐藩の武市《たけち》瑞山《ずいざん》、坂本龍馬、中岡慎太郎らに共通する身分はなにか」

もしも日本史に関する試験ないしクイズでこのように出題されたら、どう答えるべきか。正解は、「郷士」だ。

架蔵《かぞう》するいくつかの歴史辞典のなかでは『日本史広辞典』の解説がすぐれているので、まずこれを頭に入れておこう。

「**ごうし【郷士】**江戸時代、農村に居住し武士的身分を与えられた者の総称。地域により存在形態や呼称は多様。一般に正規の家臣より一段低く扱われたが、給地を与えられ軍役を負担するなど藩家臣団の一員として位置づけられる。地方で農民同様に年貢地を耕作して農業経営を行うことも多い。郷士には中世の小土豪が兵農分離の際、武士にも百姓にもならず土着した場合と、近世に新田開発や献金により有力農民が郷士にとりたてられた場合がある。鹿児島藩（薩摩藩・筆者注）の外城《とじょう》衆や高知藩（土佐藩・同）の郷士など、西国の外様諸藩に多くみられた。（以下略）」

右の引用文中に「正規の家臣」ということばが見えるが、これはさらに細かく見るとつぎの三者にわかれていた。

上士　戦時の司令官クラス以上。

中士　上士の下に付属して戦う者たち。藩によっては寄合組ともいう。

下士　別名を足軽といわれる歩卒たち。戦時には上士から選ばれた足軽大将の指揮を受ける。

身分を士農工商の四民にわけて考えるなら、郷士は下士の下、農の上に位置していたと思ってかまわない。

以上を総論として、各論に入る。

薩摩の郷士は「日シテ兵児」

まずは薩摩藩について見ると、宝永三年（一七〇六）の調査では薩摩・大隅・日向《ひゅうが》三カ国の総人口は四十六万千九百六十一名。そのうちの十二万六千二百五十一名、すなわち人口の二七パーセントが武士階級に属しており、この武士の比率は全国平均の約五倍であった（『島津家おもしろ歴史館』尚古集成館）。

本来、ある藩の士分の者はその城下町に住むものだが、これだけ士分の者たちが多くなると、とてもすべてを鹿児島城下に住まわせることはできない。

そこで薩摩藩島津家は、家臣団を城下士《じょうかし》と外城士《とじょうし》（外城衆）にわけることにした。これがよく知られた「外城制度」であり、城下士とはもちろん鹿児島城下に住むことを許された者たちを意味する。

一方の外城士について述べるには、まず「外城」とはなにか、ということから説明せねばなるまい。薩摩藩は前記の三カ国にひろがる藩領を百十余の行政区画にわけ、そのそれぞれを「外城」と呼んだのだ。

「最初は有事に備えたものであったため外城といっていましたが、安永《あんえい》・天明《てんめい》（一七七二―八九）のころ、平和な時代に外城といった名はそぐわないということで、外城は郷《ごう》に、衆中《しゅじゅう》（外城に住む半士半農の武士・筆者注）は郷士と改称されました。

また外城には、上級武士の一所持《いっしょもち》（領地を持つ家臣・同）が支配する私領と、島津氏の直轄地とがありました」（同）

「島津氏の直轄地」にいる郷士は直臣《じきしん》だが、一所持の「私領」にいる郷士は島津家から見れば陪臣《ばいしん》にほかならない。城下士たちには特に陪臣郷士を見下す傾向が強く、

「日《ひ》シテ兵児《へこ》」

と嘲笑《ちょうしょう》することも珍しくなかった。

「日シテ」とは隔日ということ、「兵児」とは武士という意味だが、「日シテ兵児」とつづければ、一日は百姓をし、つぎの日には武士として働く者たち、という馬鹿にしたニュアンスを帯びる。

これらの郷士たちが城下士たちからいかに軽んじられていたかを示したのは、明治三十一年（一八九八）に本富《ほんぷ》安四郎が神田の東陽堂支店から出版した『薩摩見聞記』。その「士平民」の項に、注目すべき記述がある。

「外城士族は（略）半農半士たるの故《ゆえ》を以《もっ》て、城下士族よりは田舎武士とて痛く賤《いやし》められ、非常の圧制を受け、途中に相逢ふて少しく無礼あれば殆《ほと》んど斬捨《きりすて》御免の有様あり、俗に之《これ》を紙一枚と称し、一枚の届《とどけ》を出せば夫《それ》にて事済みしなり」

中村半次郎も郷士のせがれとして城下士たちから徹底的にいじめられて育ったからこそ、その鬱憤《うっぷん》を剣の稽古で晴らすうちに「人斬り半次郎」とまでいわれる剣客《けんかく》になったのだ。

ただしひとつだけことわっておきたいのは、このように郷士差別の傾向があらわだったとはいえ、薩摩藩島津家は全体としてはよくまとまっていたということだ。だからこそ薩摩藩は文久三年（一八六三）七月の薩英戦争にも健闘することができ、ついには戊辰《ぼしん》戦争の勝者となる道をたどったのである。

このような視点から眺めると、薩摩藩城下士による郷士差別はいわば〈身内の争い〉であったといってよい。

「一領具足」から郷士へ

対して土佐藩の郷士差別は、〈身内の争い〉の枠をはるかに超えていた。

いうなればこちらの郷士差別は、〈敵対身内〉という感覚から生じたものであった。

なぜそのような感覚が育ったのか、と考えるには、戦国以来の土佐の領主を振り返っておかねばならない。

戦国ただならぬ天正三年（一五七五）、土佐一国の統一に成功したのは、中世以来の地元の豪族の当主長宗我部《ちょうそかべ》元親《もとちか》であった。元親は天正十三年（一五八五）には四国のすべてを併合することに成功したものの、その年に豊臣《とよとみ》秀吉の四国征伐を受けて降伏、土佐一国九万八千石だけを安堵されて豊臣大名のひとりとなった。

慶長四年（一五九九）、元親の死によって長宗我部家の家督を相続したのは、その四男盛親《もりちか》二十五歳。盛親は浦戸《うらど》城を本拠地としてその所領は二十二万石に達していたから、のちに成立する土佐藩の前身は浦戸藩だった、という考え方もある。

しかし、盛親は浅慮《せんりよ》な人物でしかなかった。翌年の関ヶ原の戦いにおいて西軍に参加したかれは、敗色濃厚となるや戦わずして帰国。

「盛親自身大坂にのぼり（東軍主将徳川家康に）罪を謝すべし」（『改正三河後風土記』）

と徳川四天王のひとり井伊直政《なおまさ》から忠告されて大坂へ出むこうとし

たところまではよかったが、このとき盛親の耳に悪魔の囁《ささや》きを吹きこんだ者がいた。家老の久武親直《ひさたけちかなお》。

盛親には親忠《ちかただ》という兄（元親の三男）がいたが、親忠は盛親が城から不在になると、領土の半分をよこせ、というに違いない。だから大坂へゆく前に親忠を殺してしまうように、と久武親直は盛親に兄殺しを勧めたのだ。

愚《おろ》かにもこの策に乗った盛親は、大坂へ出てすぐ家康に兄を切腹させた罪を問われ、二十二万石を没収されて牢人する羽目になった。のちに大坂の陣が勃発《ぼっぱつ》するや、豊臣方についた盛親は徳川方に捕らわれて斬首される運命をたどるのだが、盛親が牢人してまもなく遠州掛川六万八千石から土佐二十四万石へ移封《いほう》されたのが山内一豊《やまうちかずとよ》である。

一万石の大名家につかえる藩士の数は、およそ六十人。掛川時代の山内家には四百八人前後の藩士がいた計算になるが、土佐二十四万石を支配するには千四百四十人前後が必要であり、土佐入りした山内一豊としては、諸国の牢人や長宗我部家の旧家臣団を大量に召し抱える必要に迫られた。

　このような事情から土佐藩山内家に採用された長宗我部の遺臣たちこそが、土佐の郷士たちなのだ。これらの者たちの多くもかねてから薩摩の「日シテ兵児」とおなじく半農半士の暮らしをしており、瑞山会編『維新土佐勤王史』は土佐郷士のルーツを長宗我部時代に「一領具足」といわれた階級だったとして、その意味を『長曾《ママ》我部盛衰記』という古史料によって解説している。

「田に耕作するとも、槍の柄《え》に草鞋《わらじ》兵粮《ひょうろう》をくゝりつけ、スハと云はゞ鎌鍬《かまくわ》を投げ棄て走りゆく、鎧《よろい》一領にて着替《きがえ》の料もなく、馬一匹にて馭《のり》替《かえ》もなく、自身走り廻るゆゑに、一領具足と名づけたり、鉄砲太刀打を訓練し、死生知らずの野武士也」

一領具足はこのように気性の荒い者たちであったから、山内一豊が土佐に入国した当初はその入国を阻止しようとし、一揆《いっき》という名の反乱を起こした。その首謀者八人が斬られると、数千の規模にまでふくらんで城下に殺到。ついには二百七十人を討たれて潰走《かいそう》する一幕もあれば、一揆に加担した八十二人が一度に磔刑《たっけい》に処されるという一幕もあった。

枕を高くして眠れない

山内家としては大藩のあるじとなったとはいえ枕を高くして眠れなかったわけで、『維新土佐勤王史』はその反抗は長宗我部盛親の死が伝えられたあともつづいたとして、つぎのように記述している。

「土佐士民の抵抗は尚《な》ほ依然として衰へず、山内家は恰《あたか》も包囲中に在《あ》るが如く、戒心常に怠らず、二代の藩主忠義の武断によりて、漸《ようや》く之を威圧するに至りしと雖《いえど》も、其《そ》の後、更に荒野開墾を兼ねて懐柔策を施すに至る。是《ここ》に於《おい》てか、土佐に初《はじめ》て郷士と称する一階級は出で来たれるなり」

一領具足を郷士にするにあたり、初め山内家は弾圧策をとった。それがあまり成功しなかったため懐柔策をとるようになったということだから、もって掛川以来の上士たちと長宗我部の遺臣であったがため に下級とみなされた者たちとの相克の激しさが察せられる。ちなみに 土佐藩では、正規の藩士のことはすべて「上士」といった。

　話を武市瑞山にもどすなら、その祖は慶安年間（一六四八―五二） 以前に郷士とされた百人、いわゆる「百人衆郷士」のうちのひとりで あった。こうした血筋ゆえに瑞山には山内家に対する反抗心が脈打っ ており、それが十五代藩主山内豊信《とよしげ》（のち容堂）に逆らって土佐勤王 党を組織するという行動につながったのだ。

　これら百人衆郷士たちは、「野取郷士《のとり》」とも呼ばれた、と『維新土 佐勤王史』にあるが、一般に「野取」といえば草原に放し飼いにされ ている牛馬を捕獲する行為のこと。このような「野取」を業《ぎょう》とする百人衆郷士も、少なくなかったということであろう。

しかし、これらの郷士たちは藩の待遇を不満としたため、「走者《はしりもの》」が多く出た、と山本大《たけし》は「土佐藩」(『新編物語藩史』第十巻)に書いている。「走者」とは逃亡者のことだから、この現象によって土佐藩は労働力が不足し、ひいては藩政の危機に直面したのである。

そこで奉行職(執政)にあった野中兼山《のなかけんざん》が考えたのは、一方で「走者」が出るのを防ぎながら新田や水路の開発を促進するために、あらたな方針を立てることであった。それは一領具足の子孫たちのうち、荒地や原野の開発を願い出た者には審査の上でこれを許す、というものので、これによってとり立てられた郷士たちは百人衆郷士たちと区別するため「百人並《なみ》郷士」と呼ばれた。

野中兼山が土佐の藩政を指導した時期は三十三年間におよび、寛文三年（一六六三）七月をもっておわりを告げた。ただし、右の人材登用策は功を奏し、兼山の施政末期に存在した国許詰《くにもと》め藩士たちが二百九十六人だったのに対し、百人衆郷士と百人並郷士の合計は六百人以上にふくれあがっていた（「土佐藩」）。

そしてこの寛文年間（一六六一―七三）に、土佐の郷士階級はさらに増加した。

「爾来《じらい》山内家は郷士の株の売買をも公許し、所在富豪の農商、或《あるい》は其の子弟、苗字帯刀して武士の末に列せんと志す者、皆其の株を買ひて郷士となりければ、数百石の知行を持てる素封家も少なからず」（『維新土佐勤王史』）

と記述されたように豪商、豪農出身の郷士たちが登場したのである。中岡慎太郎は土佐国安芸《あき》郡北川郷の大庄屋中岡小伝次の長男であり、同家が大庄屋として受ける俸給《ほうきゅう》は三十五石一斗《と》三升《しょう》六勺《しゃく》であった。中岡家は郷士に名を残した豪族北川家の分家だが、その祖北川玄蕃頭《げんばのかみ》は長宗我部元親が土佐を統一するとき「最も頑強に抵抗して戦った豪族の一人」で、ついに捕らわれて斬首されたのだという（尾崎卓爾『中岡慎太郎先生』）。

龍馬の祖は牢人

また坂本龍馬の祖は坂本太郎五郎という山城国の牢人であり、元亀二年（一五七一）以前に土佐に土着。六代目の坂本八平が郷士となったのは明和八年（一七七一）のことだと「坂本氏家系図」（『坂本龍馬全集』）にあるから、これらふたりのルーツはそろって一領具足ではない。

だが、坂本家は百六十一石八斗四升の知行地をもっており、上士と総称される山内家直臣団の中間層よりはるかに豊かであった。これら富裕な郷士たちの行動には、今日の目から見ても注目すべきものがある。

「知行百石以上（略）の者は、毎年高知正月十一日の馭初《のりぞめ》式に、上士と同じく甲冑《かっちゅう》騎馬にて本町を乗り下るの栄を得たりき、然《さ》れば郷士は鞍置馬《くらおきうま》の数匹を飼ひ、玄関先に加農砲（カノン砲・筆者注）さへ飾りつけあり、故に郷士は高知城下の郭内《かくない》上士に対して、隠然一敵国たる観を呈し、或は元親の木像ある長曾《ママ》我部家の旧菩提所《ぼだいしょ》、長浜の雪蹊寺に、歳時参詣して祖先の法会《ほうえ》を営む者あり」（『維新土佐勤王史』）

一領具足をルーツとする百人衆郷士、百人並郷士も、株を買って郷士となった富裕層も、上士階級と張り合うという点では軌を一《いっ》にしていた。くり返しになるが、幕末の土佐藩山内家が公武合体をもって良しとしたのに対し、郷士武市瑞山を領袖格とした土佐勤王党がそれを無視して尊王攘夷を叫んだのは、以上のような長い相克がついに爆発したのである。

激怒した山内容堂は瑞山を切腹させたものの、つぎには龍馬の「船中八策」を知って大政奉還運動をすすめるなど、かなり郷士階級の着想に影響を受けざるを得なかった。

直臣と陪臣のいがみあい

このような身分差別が往々にして革命のエネルギーを生み出すことは、ヨーロッパ革命史の示すところでもある。そこで藩士対郷士の対立とはまた別に、直臣対陪臣という二項対立が大きな悲劇を招いたケースも見ておこう。

その舞台となったのは、土佐藩とおなじ四国のうち、阿波徳島二十五万石蜂須賀《はちすか》家の城下町徳島と淡路島である。いまでは兵庫県の一部となっている淡路島は、これから物語る事件が発生するまでは徳島藩領であった。そして、城代家老で約一万四千五百石（実質三万石）取りの稲田家の領地とされていた。

蜂須賀家は徳島城を本拠地とし、幕末にはその西の丸に長久館《ちょうきゅう》という名の藩校を開設。稲田家は淡路島の洲本に洲本城を持ち、その城下に郷校益習館をひらいた。

以下おもに庚午《こうご》事変編集委員会『庚午事変』や一宮松次『庚午事変研究の栞《しおり》』などによって記述すると、蜂須賀家の直臣たちは外出するときに白足袋をはくことが許されていたのに、

「稲田侍」

と呼ばれる稲田家の家臣たちには浅葱《あさぎ》色の足袋の着用しか認められなかった。露骨な陪臣差別がおこなわれていたわけだが、稲田侍のなかにはこの制度を口惜しく思い、あえて白足袋をはきながらもその足袋を汚して浅葱色に見せかける者もいた。

ところが幕末になると稲田侍は次第に人数をふやし、ついに三千人に達した。瀬戸内海を外国船が航海するようになるにつれて淡路島は海防の要地とみなされ、稲田家は人員増強策を採ったのだ。

しかも蜂須賀家の十三代当主斉裕《なりひろ》が十一代将軍家斉《いえなり》の第二十二子であることから佐幕にこだわりつづけたのに対し、京坂からの情報が早く入る稲田家は文久年間（一八六一―六四）から時代の風を察知して尊王攘夷を主張。京都では、

「稲田藩」

「洲本藩」

と呼ばれて勤王諸藩から一目置かれ、慶応四年（一八六八）正月に鳥羽・伏見の戦いがおわった直後に新政府から出兵の勅書を拝するや、

ただちに百人を派遣した。

新政府はこの忠誠を愛《め》でて、稲田家の当主邦稙《くにたね》に賞典二千両と鞍とを与えた。それに較べて徳島藩直臣たちの出足は鈍く、いざ戦場に着いてもあまりに旧式装備で新政府側諸藩から失笑を買う始末。

かくも士風の異なる稲田侍と徳島藩直臣たちが衝突したきっかけは、箱館戊辰戦争のおわってまもない明治二年（一八六九）六月、新政府が諸藩主に版籍奉還を許し、藩主あらため藩知事の石高を一律十分の一に切り下げたことにある。同時に藩知事は華族、その直臣たちは士族とされたものの、陪臣たちは士族の下の卒族《そつぞく》と規定されることになった。

士族は藩庁からある程度の石高がもらえるのに、卒族に対してはこれまでの禄が停止され、いくばくかの扶助しか与えられないと定められた。だが、稲田家の家老井上九郎右衛門《くろうえもん》の従来の禄高は五百石。ほかに二、三百石取りの稲田侍も数十人いたため、士族にもなれず扶助しかもらえなくなると知ったかれらは激怒し、同年九月には稲田邦植みずからが藩庁に嘆願書を差し出す騒ぎとなった。

――今後、稲田家の家来たちにわたされるべき扶助は稲田家が一括して受け取り、稲田家が家来たちと従来通りの主従関係をつづけることをお許しありたい。

これは勤王に功のあった稲田侍たちを卒族に落とすことなく、なおも稲田家に仕える士族として待遇してもらいたい、という言外のふくみにほかならない。

しかし、この要求を認めると、士族である稲田侍を束ねる稲田邦植はそれより上の華族ということになってしまう。これでは稲田家が蜂須賀家とおなじ身分になってしまい、不都合きわまる。

蜂須賀家としてはとても呑めない要求であったが、稲田家の希望もわからぬではないとして、折衷《せっちゅう》案を示すことにした。

——稲田侍のうち、高禄の者は士族とするということでどうか。

それでも稲田家側は、全員を士族に、という主張をくり返すばかり。仕方なく蜂須賀家がこの要求を呑むと伝えると、今度はなにも回答してこなくなった。

この不気味な沈黙の意味するところはなにか。結論だけをいえば、このころ稲田家は東京へ出張させた者たちの手で分藩工作をおこなわせていたのだ。

分藩工作から「稲田騒動」へ

このあたりの事情については小説「眉山は哭く」（角川文庫『恋形見』所収）と紀行文「徳島藩校　長久館」（PHP研究所『全国藩校紀行』所収）で解説したことがある。だが、未読の人もいると思うので後者の一節を引いておこう。

「（分藩工作を知った）徳島藩士族たちが激昂《げきこう》していた三月下旬、今度は岩倉具視《いわくらともみ》から藩知事蜂須賀茂韶《もちあき》宛の内命が届いた。その趣旨は、つぎのごとし。

一、稲田邦植主従には、北海道静内《しずない》郡および色丹《しこたん》島への移住・開拓を命ずる。
一、開拓が成功するまで、徳島藩庁は稲田家に対し、従来の禄高から新家禄千石を差し引いた一万三千五百石を十ヵ年の見こみで給付すること。

あきらかに岩倉は蜂須賀家と稲田家が元の鞘へ収まることはないと見て、両者の引き離しを図ったのだ。

しかし、政府が分藩を認めたならば、徳島藩知事は無能者だと天下に公表されるにひとしい。徳島藩自体が二十五万石から二万五千石へ落とされたというのに、一万三千五百石を稲田家に与えることなどはとてもできない。困った蜂須賀家はみたび稲田家との交渉を試みたもののうまくゆかず、四月四日には徳島城本丸表御殿に全士族を集めて大会議をひらいた」

その席上、長久館学頭の新居水竹《にいすいちく》が主張したのは稲田家討伐論であった。これを受けてその門弟たちを中心とする直臣たち約九百六十人は、五月十三日、二手に分かれて美馬《みま》郡のうちの稲田領と洲本を急襲。四門の四斤山砲《しきんさんぽう》まで撃ったため、稲田侍からは自殺ふたり、即死十五人、深手六人、浅手十四人の被害者が出た（ほかに屋敷十軒、武者長屋十三棟が焼失）。

「稲田騒動」

といわれたこの事件が「庚午事変《こうごじへん》」とも呼ばれるのは、明治三年の干支《えと》が庚午《かのえうま》だったことによる。

岩倉具視はこの騒動を重視し、一時は蜂須賀家を絶家処分にすることを決意したほど。蜂須賀家にその決意が伝えられたことによって稲田騒動は一日にして終息するのだが、八月十二日、太政官と刑部省は首謀者十人を斬首せよと蜂須賀茂韶に通達した。

ほかに直臣側は流罪終身二十六人、流罪七年ひとり、禁錮終身七人、禁錮三年三十一人。これとは別に四十九人が罪に問われたから、非はすべて直臣側にある、と新政府は判定したことになる。

十月七日、太政官は稲田邦稙と稲田侍たちに北海道に移住して静内郡と色丹島の開拓に従事するよう命令。返す刀で蜂須賀家から淡路島を奪い、兵庫県の管轄とすることにした。陪臣差別の感覚に発して稲田騒動を起こした蜂須賀家は、その代償として淡路島を没収されてしまったのだ。

なお、この移住命令に従った稲田侍たちのその後の暮らしは、船山馨《かおる》の長編小説『お登勢』に印象的に描き出された。馬術や競馬が好きな人は、サラブレッドの産地として知られる静内を最初に開拓したのは稲田侍たちだったことを心に留めておいてほしい。

このような阿波徳島藩の内部抗争に較べ、一見する限り身分差別などなかったように思えるのが長州藩の奇兵隊である。しかし、それは表面上のことで、実態には大きな問題があった。それについては、次の稿で触れよう。

（「歴史通」二〇一〇年三月号）

高杉晋作と奇兵隊の真実

菅直人首相（当時）は、みずからの内閣を組織するや「奇兵隊内閣」と名づけてみせた。

菅首相には、鳩山由紀夫元首相に似て、言うことがクルクル変わるところがあり、平成二十二年（二〇一〇）七月の参議院議員選挙の直前には、なにを思ったのかつぎのように口走ってしまった。

「消費税の増税については、自民党提案の税率一〇パーセント案を参考とさせていただく」

この発言が世論の反撥《はんぱつ》をまねき、民主党が大敗を喫《きっ》したのは周知の通りだが、この参議院議員選挙に山口県から立候補した俳優も、「奇兵隊」と大書した旗を押し立てて運動していた（結果は落選）。

菅首相は山口県宇部市の生まれだそうだが、これらの両氏がにわかに奇兵隊を自称（僭称《せんしょう》）したのは、幕末に長州藩のうちに誕生した奇兵隊が新時代を築いたリーダー的存在だった、と信じてのことに違いない。

たしかに奇兵隊は、高校の日本史レベルでは好意的に解説されることが多い。たとえばつぎのように。

「1863（文久3）年3月、将軍家茂《いえもち》は上洛《じょうらく》して、5月10日を期して攘夷《じょうい》を実行することを朝廷に約束した。

攘夷実行の日、長州藩は下関海峡を通る外国船を砲撃した。（略）1864（元治《げんじ》元）年、イギリス・フランス・アメリカ・オランダ4国連合艦隊は、長州藩に対する報復として、下関砲台を砲撃した（下関戦争）。近代兵器の威力を体験した長州藩の尊王《そんのう》攘夷派は、攘夷の不可能を悟った。勢力を失った尊王攘夷派にかわって藩政をにぎった保守派は、第1次長州征伐に対して幕府に恭順《きょうじゅん》の意を示し、尊王攘夷派の指導者を処罰した。

身をかくした高杉晋作らは、士民を問わずに志願兵で編成した奇兵隊などの諸隊をひきいて反乱をおこして成功した。こうして、高杉晋作、木戸孝允《たかよし》らが長州藩の実権をにぎり、尊王攘夷論を捨て、幕府にかわる統一政権の樹立をめざすようになった」（『高校日本史　三訂

版』実教出版）

このように「士民を問わずに志願兵で編成した奇兵隊」などと要約されると、まだ日本史を学んで日の浅い高校生たちは錯覚してしまいがちである。すなわち奇兵隊とは封建制度下にありながら、その身分差別に捉《とら》われなかった近代的軍隊であり、義勇兵のような存在であったと。

菅首相や俳優氏も、そのようなイメージを抱いていたからこそ、奇兵隊の名にあやかろうとしたのであろう。

しかし、奇兵隊のこういったイメージは、実は皮相《ひそう》的なものでしかない。『高校日本史　三訂版』の執筆者たちにしても、読者層を大学生以上に想定していたのであれば、より複雑な実像を描き出していたことだろう。

そこで本稿では、かならずしも感心することはできない奇兵隊の実像に踏みこんでみよう。

身分差別の構造

まず元治元年八月、英米仏蘭四カ国連合艦隊によって下関の砲台をあっさりと乗っ取られた当時の長州藩正規軍から見ていくと、約一千名から成るこの部隊は、「先鋒《せんぽう》隊」と呼ばれていた。

旧式の大砲と刀槍《とうそう》を用い、関ヶ原の合戦のころと似たような鎧兜《よろいかぶと》を身につけていたこの正規軍は、各自鉄砲を持って上陸した連合艦隊陸戦隊にまったく歯が立たず、そのあまりの弱兵ぶりをつぎのように嘲《ちょう》笑《しょう》された。

「麦の黒《くろ》ん穂《ぼ》と先鋒隊はせいを揃えて出るばかり」

これでは攘夷を実践するどころか、こちらが連合艦隊に叩きつぶされてしまう危険がある。そこで長州藩庁は、二度の脱藩をくり返して謹慎させられていた高杉晋作を防禦《ぼうぎょ》責任者に登用することにし、意見を求めた。

高杉は上海《シャンハイ》に渡航した経験があってアメリカには士農工商の別がないことを知っているうえ、師吉田松陰《しょういん》から「草莽崛起《そうもうくっき》論」を教えられていた。これは、天下を変革できるのは諸侯でも公卿《くぎょう》でもない、無名の市民たちだ、という考え方である。

おそらく高杉はこの二点を思い起こし、左のように答えた。

「有志が日増しに増加しているようですから、近日中に奇兵隊を創設し、きっと防御の手段を講じましょう。奇兵隊の儀《ぎ》は、有志の者を集め、陪臣・軽卒《けいそつ》・藩士を選ばず同様に相交《あいまじ》わり、もっぱら力量をもって貴《とうと》び、堅固《けんご》な隊にしたいと思います」（『高杉晋作史料』第一巻より意訳）

古代中国の昔から正規兵は「正兵」といわれ、その反対語にあたる「奇兵」とは非正規兵を意味する。先鋒隊の弱さをよく聞き知っていた高杉は、長州藩の活路《かつろ》を奇兵隊の創設に見出《みいだ》そうとしたのだ。

これに刺激を受けて文久三年六月から慶応元年（一八六五）正月までの間に、長州藩内には以下のような部隊が続々と誕生した。御楯《みたて》隊、鴻城《こうじょう》隊、遊撃隊、南園隊、荻野隊、膺懲《ようちょう》隊、第二奇兵隊（初めは南奇兵隊)、八幡隊、集義隊など。

これらはまとめて「長州諸隊」と呼ばれ、隊員五十人ごとに総管、軍監、書記、斥候《せっこう》その他を置くという仕組みもおなじだったから、厳密にいえば菅首相は「奇兵隊内閣」といわず、「長州諸隊内閣」と称すべきであった。

それはともかく諸隊の総兵力を見ておくと、慶応元年三月の時点で十隊千五百人(奇兵隊は三百七十五人)。これが同年五月には四百人以上増え(奇兵隊は四百人)、給与はひとり一日につき米一升と月ごとに銀二十匁《もんめ》と定められた。

かといってこれは、隊士たちがその出身階級とは関係なく平等な待遇を受けたことを意味するものではない。

かれらはすべて士分の者として扱われはしたが、名簿には士農工商あるいは神官、僧侶などのいずれの出身かが明記されていたといわれ、出身階級ごとに軍服の袖につける袖印《そでじるし》も違っていた。そのため、入隊するときに士分の家に養子入りの手つづきをする者もあったというから(『角川新版日本史辞典』「きへいたい　奇兵隊」の項)、長州諸隊ないし奇兵隊の近代性にばかり注目しては、木を見て森を見ないことになる。

そのことは、長州藩毛利家に関する一種の百科事典である時山弥八《ときやまやはち》『増補訂正　もりのしげり』所収の「旧長藩諸隊表」を見るとますます明確になる。

この表には遊撃軍に属した維新団、第二次長州追討戦(長州から見れば四境《しきよう》戦争）に際して芸州口で戦った山代茶洗組、三田尻港で結成された一新組が立項されている。しかし、その摘要（注記）の部分を読むと、これらはすべて被差別階級の人々から成る部隊とされているのだ。

これらが奇兵隊のような「隊」ではなく、「団」や「組」とされていること自体が差別的な命名法なのであろう。いずれにせよ、このような点からも長州諸隊の前近代性はあきらかなので、鳩山前政権が投げ出した首相の座を拾い食いしただけの人物が「奇兵隊内閣」などといってはしゃいでいるのは、私には実に釈然としない事態なのである。

ひどい中間搾取

話を長州諸隊全体から奇兵隊だけにしぼりこんでも、その内部ではとんでもない中間搾取《さくしゅ》のおこなわれていたことが知られている。証言者は三浦梧楼《ごろう》、雅号《がごう》は観樹《かんじゅ》（のちの陸軍中将）。初めは五郎と称し、文久三年から戊辰《ぼしん》戦争の終了まで奇兵隊の隊長のひとりとして活躍した長州藩士である。

その回想録『観樹将軍回顧録《かいころく》』に、つぎのような注目すべきくだりがある。

「隊長の我輩も、兵卒も、一ヶ月の手当が国札（藩札）三十匁《もんめ》であった。即ち五十銭に当るのである。然《しか》るに我輩が或時《あるとき》、公用を以て、山口に出張すると、会計係より旅費だと云うて、五百匁を渡して呉《く》れた。即ち八両とイクラである。月手当三十匁のものに、五百匁の旅費とは、過分も過分も、非常の過分である。

『これはドウしたことか。』

と問へば、

『本陣の衆はチョッと山口へ来れば、皆旅費として五百匁づゝ渡すことになつて居《お》る。請求があれば、又渡す。』

との答へである。ドウもこれはヒドイ話である。必ず何か私《わたくし》があるに相違ないと、此《この》時始めて気が付いたのである。

（略）会計の局に当つて見ると、実に奇怪至極《きかいしごく》の事だらけである。兵卒の月手当は国札（藩札）三十匁であつたが、其実《そのじつ》は六十匁であつたのである。全く半分づゝは其上前を刎《は》ねられて居つたのであつた」

諸隊の給与は「ひとり一日につき米一升と月ごとに銀二十匁と定められた」と前述したが、これは初期のことで、のちには三浦梧楼のいうように改定されたのであろう。

ここで私が思い出すのは、明治陸軍の一大スキャンダル「山城屋事件」である。『日本史広辞典』「**やましろやわすけ【山城屋和助】** 1836〜72・11・29」の項は、この事件を左のように解説している。

「明治初年の政商。本名野村三千三《みちぞう》。周防《すおう》国生れ。幼い頃両親を失い僧となったが、のち還俗《げんぞく》して山県有朋《やまがたありとも》の部下として奇兵隊に加わった。戊辰戦争で越後口に出征したのち、横浜で商人となり山城屋和助と称した。陸軍省御用商として輸入品代金名目で約六五万円もの前払いをうけたが、生糸相場で失敗。パリで豪遊していることが外務省の通報で問題化し、山県陸軍大輔《たいふ》に呼び戻されたが返金できず、陸軍省内で割腹自殺した」

思うに山城屋和助は、奇兵隊時代から金のルーズな使い方に馴染《なじ》んできた。それが約六十五万円という途方もない金額の着服につながったわけで、このころから顕在化した陸軍の金権体質は、もとをただせば奇兵隊の金権体質であったといってよい。

「奇兵隊内閣」などということばを使うべきでないことは、この一点を取っても明白なのである。

愛人だらけの私生活

さらに長州諸隊の幹部ないし隊士たちに共通する大きな特徴は、よくいえばプロの女性たちにもてる者が多かったこと、悪くいえば遊び好きの好色漢《こうしょくかん》ぞろいだったことであろう。

高杉晋作には正妻のほかに、おうのという下関の芸者あがりの愛人がいたことはよく知られている。その高杉を助けた伊藤俊輔《しゅんすけ》（のちの博文）は、文久三年、奇兵隊参謀入江《いりえ》九一《くいち》の妹おすみを妻に迎えたものの、まもなく「才色双絶」といわれた下関芸者の小梅を側室として、おすみを離縁してしまった（小松緑『伊藤公と山縣公』）。

元治元年七月の禁門《きんもん》の変《へん》（蛤《はまぐり》御門の変）に敗れて切腹した久坂玄《くさかげん》瑞《ずい》は、松下村塾《しょうかそんじゅく》における高杉のよきライバルだったが、こちらは京に桔梗《ききょう》屋お抱えの芸者お辰という愛人がおり、酒に酔うと自作の都々逸《どどいつ》を大声で歌った。

「咲《さい》て牡丹《ぼたん》といはれるよりも散りて桜といはれたい」
「立田川《たつたがわ》無理に渡れば紅葉《もみじ》が散るし渡らにや聞《きこ》えぬ鹿の声」
「加茂川《かもがわ》の浅き心と人には見せて夜は千鳥の啼《な》き明かす」

この程度なら「なかなか粋《いき》な男だ」という感想で済んでしまうが、品川弥二郎《やじろう》の場合はやや趣を異にする。

八幡隊隊長として禁門の変に参加した品川は、のちに御楯隊《みたてたい》を組織。戊辰戦争には整武隊参謀として参戦するのだが、やはり京に愛人がいた。島村屋の君尾といって、文久元年（一八六一）春、十七歳で初めてお座敷に出たその姿形《すがたかたち》は「瓜実顔《うりざね》の丈《せい》も低からずスラリとした百合の花」（小川煙村『勤王芸者』）。

初め井上聞多《もんた》（のち馨《かおる》）の愛人になった君尾は、佐幕派の士に肌身を許して秘密を聞き出すことも辞さぬ性格で、いつしか品川弥二郎の情婦となった。

「花は佐久良《さくら》に人は武士と云ふたお方の顔見たい」

という都々逸を作ったのも品川であり、かれはまた慶応四年（一八六八）一月に薩長主体の新政府軍が江戸へ進撃することになったとき、「トコトンヤレ節」を作ったことでも知られている。

「宮さん宮さん／お馬の前に／ひらひらするのは何じゃいな／トコトンヤレトンヤレナ」

この歌詞に節をつけたのは、三味線が得意の君尾であった。愛人に公式に歌う軍歌を作曲させるとは、公私混同も沙汰《さた》の限り。現代においてこんなスキャンダルが発生したら、内閣はガタガタになってしまうだろう。

そんなことなどまったく気にしなかったのも一種の長州人らしさだが、上には上がいる。つぎに奇兵隊参加者のなかで、もっとも悪名の高い男、世良修蔵《せらしゅうぞう》の横顔に触れておこう。

「萩藩家老浦靭負《うらゆきえ》の臣木谷良蔵の養子となり、また世良氏を継いだ。海防僧月性の教えを受けたが、江戸に行き羽倉外記・安井息軒・藤森弘庵らに学んだ。その後、奇兵隊に入って書記になり、慶応元年藩論回復の時、第二奇兵隊の編成に尽し、その軍監となり、翌年の幕長戦(第二次長州征伐・筆者注）には大島口に奮戦し、ついで藩の海軍局に入って洋学を修めた。明治元年の中四国征討軍に総督四条隆謌《たかうた》に従い姫路を降《くだ》し、ついで三月奥羽鎮撫総督府参謀に任じ、総督九条道孝に従って陸奥松島から仙台に進み、ついで福島に滞陣し、会津若松城を突かんとして兵備を整えていた時、仙台藩士瀬上主膳の使者が来て寛典《かんてん》を乞うたが、修蔵は硬説をとってこれを拒んだため、仙台兵の恨みをうけ、不意に旅宿金沢屋を襲われて捕えられ、寿川河原で斬殺された。年三四」（吉川弘文館『明治維新人名辞典』）

この世良修蔵が奥羽鎮撫総督府参謀になると知ったとき、

「世良とはひどいのが行くな」

と品川弥二郎が嘆いた、という話がある。それほどまでに、世良は粗野で有名な男だったのだ。

軍務と称して遊女に惑溺

成り上がり者特有の驕慢《きようまん》さをあわせ持つ世良は、仙台への出発前、大坂で米沢《よねざわ》藩士と応対したときには芸者に膝枕《ひざまくら》をさせたまま面会に及び、公用書を足で蹴りやって相手を激昂《げきこう》させたほど。三月二十一日、仙台藩主伊達慶邦《だてよしくに》に会見した際には上座から慶邦を見据えて礼も返さず、かれを仙台中将と呼び捨てにしたばかりか、

「右早々人数差出《さしいだし》会津へ可討入事《うちいるべき》」（藤原相之助《あいのすけ》『仙台戊辰史』）

と一方的に命ずる傲慢《ごうまん》ぶりであった。

上が上なら下も下、鎮撫総督府の兵たちも仙台入りするや蛮性《ばんせい》を発揮し、良家の子女を犯してこれを得意気に吹聴《ふいちよう》するかと思えば、仙台藩士たちの気持を逆撫でする俗謡を高吟する鉄面皮《てつめんぴ》な態度を示した。

「竹に雀を袋に入れて後においらのものとする」

「竹に雀」は、仙台藩伊達家の家紋である。仙台藩士たちが疑心暗鬼を生じるうちに世良は二本松に近い本宮《もとみや》へうつり、また問題を起こした。

その宿は、大内屋という旅籠《はたご》と遊女屋を兼ねた店であった。お抱えのお駒という十九歳の遊女に惑溺《わくでき》した世良は、朝から酒を飲みながら荒淫《こういん》の日々を送り、なんと四月十九日から一カ月間近く流連《いつづけ》したのである。

世良は九条総督の命令を伝えられても、仮病をつかってお駒を離さない。のちには大内屋にいること自体を軍務と称したので、啞然とした仙台藩士の間にはこう吐き捨てた者もいた。

「あやつの軍務とは、女を抱くことか」

そういえば菅直人も女性とホテルに籠《こも》ったことを「週刊文春」にスクープされ、記者団の追及から逃げまくったことがあった。これぞ世良修蔵ゆずりの〝奇兵隊の血〟なのかも知れないが、つぎに世良の最《さい》期《ご》について触れておこう。

本宮から福島城下にうつった世良は、北南町《きたみなみ》の金沢屋に投宿した。これはいわゆる「飯売りつき」の宿、すなわち飯盛女《めしもりおんな》という名目の遊女を置いている旅籠である。

世良がここでまた「軍務」に耽《ふけ》るうちに、仙台藩内部では世良殺害計画が進行していた。閏《うるう》四月二十日の八つ刻（午前二時）のこと、世良が敵娼《あいかた》と共寝している二階の奥の十二畳間に足音を忍ばせて迫ったのは、姉歯《あねは》武之進、赤坂幸太夫、田辺賢吉（以上、仙台藩士）と遠藤条之助（福島藩士）の四人。

いよいよ四人が踏みこむと、気づいた世良は敵娼の名を呼びながら布団の下からピストルを取り出し、応戦をこころみた。しかし、不発。赤坂幸太夫に手首を手刀で打たれてピストルを取り落とした世良は、赤坂と遠藤条之助から殴りつけられ、そこへすすみ出た姉歯武之進により、もろくも素っ裸のまま捕縛された。

この世良襲撃には、地元の博徒《ばくと》の親方で目明しを兼ねる浅草屋宇一郎も加担している。その子分の営む割烹《かっぽう》旅館客自軒《かくじけん》へ引っ立てられた世良の姿は、つぎのように描き出された。

「顔色土ノ如ク宇一郎子分等ニ引立《ひきた》テラレテ庭上ニ蹲《うずく》マリ、戦慄《せんりつ》シテ已《や》マズ」（『仙台戊辰史』）

しかも、いつもの傲慢《ごうまん》ぶりも忘れ、世良は必死で頼みこんだ。
「不心得ノ段ハ深ク謝ス、希《ねがわ》クハ広大ノ慈悲ヲ以《もっ》テ一命ヲ救ハレンコトヲ」（同）
しかし、もはやだれも耳を貸す者はいない。同日未明、金沢屋南側の長楽寺の中庭と阿武隈《あぶくま》川の土手との間に繋る竹藪へ連行された世良は、姉歯によって斬《ざん》に処すと宣告されたあと、その家来菊田松治によって首を打たれた。菊田が抜刀《ばっとう》してすすみ出たとき、世良はほとんど気を失っていたという。
これが、今日も東北地方の人たちにもっとも忌《い》み嫌われている奇兵隊出身者の最期の模様である。

第二奇兵隊の脱走と暴動

ちなみに世良修蔵は関与しなかったものの、第二奇兵隊は慶応二年（一八六六）四月に脱走事件を起こしたことがあった。なにやら民主党の派閥抗争を髣髴《ほうふつ》とさせる点がないでもないので、ここでその経緯を紹介しておこう。

事件のきっかけはまことに馬鹿馬鹿しいもので、同年四月三日夜、岩国領の余田村に駐屯していた第二奇兵隊の藤田武熊、島橘太郎《きったろう》ほかふたりが農家に立ち寄って、

「何時か」（『修訂　防長回天史』第八巻）

と問うたところ、応対した農兵の松二郎が、

「昨日の此頃《このころ》（昨日の今頃だ）」（同）

と、ふざけた答え方をしたことにある。

怒った四人は松二郎を打擲《ちょうちゃく》し、縛りあげて本陣に連行した。しかし、軍監兼参謀林半七は、手荒な真似はするな、というばかり。この態度に怒った立石孫一郎（第二銃隊隊長）、引頭《いんどう》兵吉（第一銃隊司令士）、櫛部《くしべ》坂太郎（五番小隊司令士）らは百四、五十人の隊士たちを煽《あお》って本陣に押しかけ、銃を発砲したばかりか鎮撫しようとした書記の楢崎《ならざき》剛十郎《ごうじゅうろう》を斬首してしまった。

　これが四日のことで、五日、立石らは漁船五隻を奪って周防《すおう》大島へ脱走。九日夜には倉敷の幕府代官所を襲って放火するなど、やくざも顔負けのハチャメチャな行動に及んだ。

　農民、町人、漁師あがりの荒くれ者が兵の六割近くを占めた第二奇

兵隊は、のちの参議広沢真臣《ひろさわさねおみ》によれば、

「兵卒中にても中等以下位の馬鹿者」（同）

に煽動されて無意味な暴動に走ったのだ。

しかも深刻だったのは、奇兵隊、八幡隊、集義隊、義昌隊などのなかからも事を好む者が藩外へ脱走し、暴挙に加わろうとしたことであった。

長州藩庁は脱走軍のうちの四十八人を斬に処すという厳罰によってこれに報いたが、この事件によっても長州諸隊の水準は充分に察せられよう。

明治二年の諸隊の大反乱

さらにいえば、長州諸隊が暴動を起こしたのはこれ一度ではない。慶応元年三月の時点の諸隊の定員は、前述のように千五百人。それが、

「戊辰戦争に出動した長州藩諸隊の人員は約五千、そのうち死者三百人以上、負傷者六百人を数えた」

と古川薫『長州奇兵隊』にあるから、戊辰戦争の開幕とともに、諸隊の兵力は三倍以上にふくれあがったことになる。右の計算に従えば、明治二年（一八六九）五月の箱館五稜郭《はこだてごりょうかく》の降伏開城により、長州へ無傷で凱旋《がいせん》帰国できたのは約四千百人と推定できる。

しかし、帰国した諸隊に対する長州藩庁の対応は、血も涙もないものであった。諸隊を常備軍に改編すると称して、その多くを強引に放《ほう》

逐《ちく》してしまったのだ。
むろん慶応元年三月当時の定員の三倍以上に俸給を支払いつづけることができなかったためだが、これでは命を的にして戦ってきた諸隊の兵たちが激怒したのも無理はない。明治二年十一月二十七日、「遊撃隊嚮導《きょうどう》並《ならびに》兵士」名義で藩士松原音三宛に差し出された上官名島《なじま》小々男の弾劾書《だんがいしょ》が、つぎなる大暴動の引き金となった。
「当隊儀名島小々男以下私曲不正之廉《かど》相重《かさな》り、……（兵士の）精選（常備軍への）合併等之儀ニ就而《ついて》も（略）自己一人勝手次第之取計《とりはからい》多く」（『奇兵隊反乱史料／脱隊暴動一件紀事材料』）
といった文章から成るこの告発書は、諸隊幹部に不正腐敗があったばかりか、諸隊のうちに身分差別が厳然と存在していたことを語っている。

こうして諸隊は暴発するのだが、これはもはや単なる暴動ではなく反乱であった。

田中彰『高杉晋作と奇兵隊』は、当時まだ諸隊に籍を置いていた兵員を二千五百二十九人、脱走者の数を千二百二十三人としているが、脱走者の一部は明治三年一月二十一日、長州藩主毛利敬親《たかちか》のいる山口公館を武力によって包囲してしまったほど。二月九日には常備軍との間に激戦が展開され、気の弱い木戸孝允《たかよし》などは茫然《ぼうぜん》として書いた。

「十一字（時）、十二字の間、脱隊の徒、銃を束ね襲来。一時尤《もっとも》烈戦、第四大隊死傷尤多《おおし》。漸《ようやく》三方の敵を払ひ、銃声漸静なり」（『木戸孝允日記』、句読点筆者）

一説によれば、この日一日に消費された銃弾は七万発に達したという。これは箱館戊辰戦争以来の大戦争だったのである。

その後の木戸孝允の行動について、一坂太郎『写真集奇兵隊』はつぎのようにいう。

「木戸は彼らを『尾大《びだい》の弊《へい》』と呼んだ。しっぽが大きくなったから、弊害になるという意味である。

木戸は常備兵と長府・徳山・清末《きよすえ》・岩国の各藩兵を率い、脱走兵鎮圧に乗り出す。二月八日、九日、船木、三田尻、小郡《おごおり》などで戦闘のすえ、脱隊兵をさんざんに打ち破った鎮圧軍は、十一日、山口に入った。

鎮圧軍の死者は二十、負傷者は六十四。脱隊兵の死者六十、負傷者七十三。同朋同士の血で血を洗う戦いだった」

愕然《がくぜん》とした長州藩庁は、追って斬首八十四人、切腹九人をふくむ二百二十一人を処罰した、と『高杉晋作と奇兵隊』にあり、その判決文には、

「上を恐れぬ悪逆無道、重科遁《のが》れがたく候、之によりて誅戮梟首《ちゅうりくきょうしゅ》仰せつけられ候事」

といった無慈悲な文字がならんでいる。

「狡兎死して走狗烹らる」

また、その処刑法の残酷さについては、前出『写真集奇兵隊』に注目すべき記述がある。

「反乱首謀者のひとり佐々木祥一郎は、山口郊外の柊《ひいらぎ》処刑場で首を

はねられる寸前まで、暴れて抵抗したという。佐々木は万倉《まぐら》の国司家《くにし》の家来で、奇兵隊結成当時から参加し、高杉晋作を補佐してきた男だ。自分たちの夢見た時代と、現実とのギャップがこれだった。刑吏《けいり》に鉄棒で殴られ、血だらけで処刑された佐々木の胸中に去来したものは、ただ『無念』の一言だったのではないか」

司馬遷《しばせん》の『史記』に見える「狡兎死《こうとし》して走狗烹《そうくに》らる」という表現は、敵国が滅びると国事に尽くした功臣がかえって邪魔者扱いされて殺されることのたとえである。

奇兵隊をふくむ長州諸隊が反乱を起こして処刑されていった姿は、まさしく明治維新版の「狡兎死して走狗烹らる」にほかならない。おそらく菅首相は、このような長州藩の恥部についてごぞんじないからこそ、臆面《おくめん》もなく「奇兵隊内閣」などということばを用いたのであろう。

最後にもうひとつだけいっておくと、これら諸隊の反乱軍のなかには追討の網の目を巧みにくぐり抜け、瀬戸内海へ逃れた者たちがいた。海賊化したかれらは戦争のプロだから、これは恐い。通る船をかれらが襲うため、明治四年（一八七一）まで瀬戸内海はきわめて危険な海であった。

このように眺めてくると、「奇兵隊内閣」とその後継の民主党政権が短命におわったのも当然のように感じられるところが歴史の妙である。


（「歴史通」二〇一一年三月号）

Ⅲ　歴史に学ぶ人生の風格

軍師　竹中半兵衛の人生の感慨

豊臣秀吉がまだ木下姓を用い、織田信長に仕えて浅井《あざい》長政・朝倉義景連合軍と戦っていたころ、秀吉に軍師として迎えられたのが、竹中半兵衛重治《しげはる》である。

当時、信長は本拠地を尾張国の清須城から美濃の稲葉山城に移し、城の名を岐阜城と改めていた。竹中半兵衛は信長によって追放された稲葉山城主斎藤龍興《たつおき》の家臣だった者だが、永禄五年（一五六二）三月、すなわち信長がこの城を落とすより五年前に驚くべき行動に及んだ。

この行動については前述済みだが、もう一度おさらいしてみたい。

当年十九歳、女のように優しい顔立ちをした半兵衛は、武芸と軍学のことばかり考えていたため斎藤家のしきたりに疎く、龍興から悪《あ》しざまにいわれていた。すると龍興を真似て半兵衛を侮《あなど》る家臣もあらわれ、ある日かれが登城するのを見澄まして櫓の上から小便をひっかけた者がいた。

表情を変えることなく帰宅した半兵衛は、舅《しゅうと》の安藤守就《もりなり》を訪ねて告げた。

「お屋形さま（龍興）に恨みがござれば、襲い参らせん。御加勢を乞う」

安藤守就が協力を拒んだので、半兵衛は自分と竹中家の家来たちだけの手で稲葉山城を乗っ取る計略を立てた。

味方はわずか十七人

岡谷繁実《おかのやしげざね》『名将言行録』その他によると、このとき稲葉山城内には半兵衛の弟の久作という者がいた。久作は、竹中家から斎藤家へ差し出された証人（人質）とされていたのだ。

その久作が病んだと知った半兵衛は、見舞いと称して登城。同行した竹中家の家来七人を久作のもとに残して下城した。

そしてその日の日暮れ方、今度は小者《こもの》たちに長持を担《かつ》がせ、侍十人を従えて再登城。門番たちから長持の中身について問われると、

「舎弟がお世話になっている皆さまを饗応するための酒や飯でござ

る」

と何食わぬ顔で答え、門のすべてを通過してすらりと本丸へ入ってしまった。

しかし長持のほんとうの中身は十七人分の具足であった。この具足に身を固めた家来十七人はあたりを斬ってまわり、半兵衛自身もその夜の当番の侍大将斎藤飛驒守《ひだのかみ》という者を一刀のもとに斬り伏せた。龍興は愕然として逃げ出したので、半兵衛は兵力わずか十七人によって稲葉山城を乗っ取ったことになった。

しかし半兵衛の目的は斎藤家を滅ぼすことではなく、自分を見くびった龍興やその家臣たちに一泡吹かせることだけであった。そこで半兵衛は近江へ流れて隠棲生活に入ったが、その令名を聞きつけた秀吉から丁重に出仕を乞われ、軍師としてかれに仕える人生を選んだのである。

元亀元年（一五七〇）六月、織田信長・徳川家康連合軍二万八千と浅井長政・朝倉景健《かげたけ》連合軍一万五千が近江姉川で激突したことは、「姉川の合戦」と呼ばれている。このとき七段に構えた前者の三段目を構成した秀吉勢が後者の攻めによく堪えることができたのは、半兵衛の指示によって円陣を作り、はっとひらいて大軍に見せかけては、はっと閉じて敵の攻めを撥《は》ね返しつづけたためであった。

次第に信長の勢力が西日本に及び、中国筋の覇者毛利氏との角逐がはじまった時点で、備前岡山の戦国大名宇喜多直家を味方に引きこんだのも半兵衛の工作である。もし半兵衛がいなかったら、秀吉は織田家にその人ありといわれるほどの部将にはなれなかったのではあるまいか。

だが、「才子多病」といわれるように、才気ある者はとかく体が弱く病気がちなものである。いつしか労咳《ろうがい》（結核）を病んだ半兵衛は、秀吉が播磨国へ進出し、三木城主別所長治と戦っていた天正七年（一五七九）六月十三日、秀吉の陣営近くの民家において三十六歳の生涯をおえた。

その最期の日々に半兵衛がぽつりぽつりと語った人生の感慨が『武功夜話』に記されているので、それを紹介しよう。

人生は一滴の露の如し

まず半兵衛は、病んで何の欲もなくなった心境をこう語る。

「すでに恨みも楽しみもこれなく、茅屋《ぼうおく》を打つ雨音を聞いては寂然《せきぜん》として幽心満つるが如くに候」

「茫々として指呼《しこ》の間にあるは山水。山水おのずから声あって、人の語り候如くに候。ひとり白雲に乗って遊ぶが如くに候」

半兵衛は「雨音」「白雲」という単語から「浮雲」ということばも連想し、人間とはこれらを形成する露の一滴のようなものだと達観するに至る。味わい深いくだりなので、急がずにゆっくりと味読していただきたい。

「浮雲、欲心なく候。高名を望む者にこれなく候。草の葉の一露凝《こ》って天空に相達し、乱雲日を隠せばたちまちにして車軸を流す雨と化す。白雨一過すれば蒼穹《そうきゅう》（青空）ぬぐうが如く、天日輝き、万物をはぐくむところとなる」

人生を露の一滴がさまざまな現象を起こすプロセスになぞらえた半兵衛は、ひるがえって自分自身について述べる。

「当今、戦国乱世にしていまだ畿内治まらず、前途冥々《めいめい》たり、われ湖北の閑居を去って治国平天下の志を得たりといえど、雨滴空しく骨力これなし。いたずらに憶《おも》いを馳《は》せしも武辺道拙《ぶへんどうつたな》く、不甲斐なき限りに候」

この時代の武士たちは、戦国の世をおわらせ「治国平天下」を実現するために戦いつづけていた。その武士たちのうち軍功抜群の者は「武辺者《ぶへんしゃ》」といわれ、その武辺者が乱世にあって男の意地を貫くことが「武辺道」にほかならない。

半兵衛は一見人生を達観したかのごとくであっても、実は最後まで武辺道を貫けなくなったことを認め、その無念さを告白してから息を引き取ったのである。半兵衛という人物の素直な気性がよくあらわれていて、右の文章に接して以来、私はますますこの人が好きになった。

（「ＰＨＰほんとうの時代」二〇〇一年四月号）

小早川隆景はなぜ秀秋を養子としたか

「毛利の両川《りょうせん》」といえば、毛利元就《もとなり》―隆元―輝元とつづく家系が西国における覇権を確立するのに功のあった、吉川《きっかわ》元春（元就の次男）と小早川隆景《たかかげ》（おなじく三男）のことである。初め織田信長の部将羽柴秀吉と激しく戦ったこの兄弟は、天正十年（一五八二）六月、明智光秀が信長・信忠父子を襲殺したとは知らずに秀吉と和解。結果としてではあるが、秀吉の天下取りを助けた形になった。

本能寺の変の発生を知ったとき、秀吉が毛利方の備中高松城を水攻めしている最中だったことはよく知られている。秀吉が急いで山陽道を引き返しはじめたほんとうの理由を知って、小早川家の家中《かちゅう》には追撃すべしと主張した者もいた。対して、隆景は語った。
「渠勢《かれいきおい》盛んにして、戦ひ味方の利なかりし時は、和平を以《もっ》て其《その》約をなし、今敵大変出来《いできたり》て、不幸に陣を引払へばとて、其費《そのついえ》に乗じて約に背くは、是《これ》至極の表裏《ひょうり》にして、人道の恥づる所なり」（『芸侯三家誌』）
毛利家とその両川は、隆景がこのような義将であったことから豊臣体制の下でも西国の大大名として存続することができたのだ。
秀吉は天正十八年から翌年七月にかけて小田原北条氏と戦ったときも、小田原の町を見下ろせる石垣山の本陣に隆景を何度も呼び、いくさの見通しをたずねた。秀吉は隆景を、

「天下の仕置《しおき》するとも仕兼間敷《しかねまじき》物なり」（岡谷繁実《おかのやしげざね》『名将言行録』）

すなわち、日本全体の政事《まつりごと》さえできる大器だと高く評価していたのである。

黒田官兵衛の提案から

そのころの毛利本家の悩みは、当主輝元に実子が生まれないことであった。ということは秀吉から見れば、だれか肉親またはそれに準じる者を毛利家に養子として送りこめば、毛利家を豊臣家の縁戚にくりこめる、ということでもある。

その点に注目したのは、秀吉の軍師格となっていた黒田官兵衛孝高《よしたか》。天正十九年のあるとき、官兵衛は隆景に提案した。

「輝元は今に実子がないのであるが、この際秀吉に秀俊を養子にと申請《もうしこ》はれたならば、秀吉も満足するであらうし、従って毛利家も安泰であらう。まことに差出《さしで》がましいことではあるけれども、毛利家のためを思って申上《もうし》ぐる次第である」（渡辺世祐・川上多助『小早川隆景』）

文中に名前の見える秀俊とは、秀吉の正室北政所《きたのまんどころ》の兄木下家定のせがれで、この年十歳。秀俊は、三歳のときから秀吉の養子となっていた。

ところがこの縁談が起こってまもない天正二十年（文禄元年〈一五九二〉）、毛利輝元は元就の四男穂田元清《ほいだもときよ》のせがれ秀元十四歳を養嗣子に迎えた。

『小早川隆景』には一切言及されていないが、あきらかに輝元は毛利家に豊臣一門の血が混じることを嫌ったのだ。あるいは秀俊が暗愚な生まれつきだったことも、輝元が秀元を迎えるのを急いだ理由であったかも知れない。

ではここで視点を変えて小早川隆景家について眺めると、隆景夫妻も子に恵まれなかった。そこで隆景は弟の秀包《ひでかね》十三歳を養子としていたのだが、隆景という人物の特徴は先が見える点にある。

文禄の役の開始と同時に隆景は輝元とともに朝鮮へ渡海したが、その間も隆景は秀吉の胸の内を忖度《そんたく》しつづけ、「秀吉が秀俊の将来に就《つ》いて苦慮してゐることを察した」(同)。

そこで隆景は、苦しい決断に踏み切った。かれは秀包との養子縁組をなかったことにして秀俊に小早川家をゆずり、自分は備後《びんご》（広島県）の三原城に隠退することにしたのである。
「これ全く（略）自己を犠牲として毛利家将来の安泰をはかった為に外《ほか》ならない」（同）
とは、隆景が秀俊の処遇を巡って秀吉と輝元が不和になることを懸念するあまり、あえて秀俊を養子に迎えたという意味である。

「三矢の教え」を守りぬいた生涯

秀俊は文禄元年七月、わずか十一歳にして権中納言《ごんのちゅうなごん》に任じられて左衛門佐《さえもんのすけ》を兼ねたため、世に金吾《きんご》中納言と呼ばれた（金吾は左衛門佐の中国名）。その秀俊は、文禄三年十一月十三日に三原城に入城。同十六日に輝元の従妹《いとこ》に当たる宍戸《しど》元秀の娘と祝言《しゅうげん》を挙げた。

隆景は秀吉から豊前《ぶぜん》・筑前・筑後のうちに三十三万六千百四十石あまりを受けていたため、本城は筑前名島城であって三原城は支城にすぎない。あけて文禄四年、隆景は小早川家を秀俊にゆずって名島城におらしめ、自分は三原城に隠居して五万百五十石のみを隠居料とした。

毛利元就が隆元・吉川元春・小早川隆景の三子に結束を誓わせ、一本の矢は折れても三本の矢は折れぬとした「三矢《さんし》の教え」は世に名高い。隆景は忠実にこの教えを守りぬいたばかりか、分家たる小早川家を毛利本家の防波堤とする運命を選択するという生涯を送ったのである。

その隆景は慶長二年（一五九七）六月十二日、三原において死亡した。享年六十五。

おなじ年に朝鮮へ渡海した秀俊あらため小早川秀秋は、豊臣家の奉行石田三成が軍功を正しく評価してくれないことを恨み、同五年九月十五日に勃発した関ヶ原の合戦にあっては西軍を裏切って歴史に悪名を残した。その秀秋は関ヶ原の合戦から二年後、慶長七年十月十八日に二十二歳の若さで頓死し、小早川家は「無子断絶」を余儀なくされた（『断家譜』第二）。

それから実に二百七十七年、明治十二年（一八七九）十二月に至り、公爵毛利元徳《もとのり》は、第三子の三郎をもって小早川家の家名を再興したいと太政官に請願。これが許された結果、男爵小早川家が誕生した。

それもこれも隆景という人物の懐の深さゆえのことであろうが、隆景と秀秋の組み合わせはまことに月とスッポンであった。

（「ＰＨＰほんとうの時代」二〇一二年十月号）

烈婦の慕情　木村重成の妻の場合

木村長門守重成《ながとのかみしげなり》は、慶長十九年（一六一四）、大坂冬の陣が始まると一方の大将として豊臣秀頼とともに大坂城へ籠城した人物として知られる。同年十二月二十一日、天王寺に近い茶臼山の徳川家康の本陣へおもむき、淀殿・秀頼母子の名代《みようだい》として徳川家と和議を結んだのも重成である。

従者七人、騎馬武者二百騎あまりに守られて茶臼山にあらわれたかれは、白小袖と浅葱《あさぎ》色の小袖を重ね着し、その上に麻裃《あさがみしも》をまとってやはり浅葱色の袱紗《ふくさ》につつまれた文箱《ふばこ》を首に掛けていた。文箱は家康から受け取る盟約書を納めるためのもので、この書類が豊臣家の運命を左右するとわかっているからこそ、重成は万全を期してこれを運ぼうとしたのである。

しかし、家康が豊臣家は大坂城の総堀（外堀）と二の丸、三の丸の堀を埋めるという和議の条件を無視し、町を囲んだ総構えから二の丸、三の丸の殿舎まで破却したのは周知の通り。ここから翌年四月に夏の陣が始まるのだが、拠《よ》るべき城郭を失ったため大和口へ出撃した豊臣家の援将のうち、後藤又兵衛は五月六日に討死。同日、河内《かわち》の八尾・若江方面へ出撃した木村重成も井伊直孝に討たれた。

五月七日には、真田幸村も最後の突撃をこころみて戦死。八日には淀殿・秀頼母子が自刃して豊臣家はここに滅びるから、十九歳だったとも二十三歳だったともいわれる重成は、豊臣家に殉じた悲劇の人だったといってよい。

十八歳の妻　青柳

重成は世に稀《まれ》な美男として知られていたが、家康の首実検の場に運ばれてきたその首からは伽羅《きゃら》の香が四方に漂って家康以下を驚かせた。
重成は日々に不利となりゆく戦況を思い、いずれ討死して首実検されることを考え合わせて頭髪に伽羅の香を移してから出動したのだ。
「箇様《かよう》優シキ嗜《たしなみ》ヲ汝如キ若者ニ何者カ教《おしえ》ケン」（『古老物語』）
と重成の心ばえのゆかしさを評価する史書があるのは、この人物の覚悟のほどに胸を打たれた日本人が少なくなかったことを物語ってあまりある。そこでつぎに、残された重成の妻はどのような人生を送ったのか振り返ってみよう。

慶長十九年八月に家康が方広寺の鐘銘に「国家安康」「君臣豊楽」とあるのに難癖をつけたとき、驚いた淀殿は乳母の大蔵卿局《おおくらきょうのつぼね》と正栄尼《しょうえいに》を駿府城の家康のもとへ派遣してあれこれ陳弁させた。『浪速全書』によると、このとき重成はふたりの侍女に変装してついてゆき、大蔵卿局の姪で名を青柳《あおやぎ》という琴の上手な「容色嬋娟《せんけん》」たる十七歳の娘に慕われはじめた。大坂城へもどってからのことだろう、恋の病のためついに立てない身となった青柳は、重成に和歌一首を贈った。

「恋侘《わび》て絶ゆる命はさもあらばあれ扨《さて》も哀《あわれ》と云ふ人もがな」

青柳の切ない胸の内を知って、重成は返歌をこころみた。

「冬枯《ふゆがれ》の柳は人の心をも春待《まち》てこそ結ひ留《とど》むらめ」

こうして心を通わせ合ったふたりは、冬の陣がおわった慶長二十年一月七日に祝言を挙げ、青柳はまもなく懐妊した。だから重成が死んだ同年五月、青柳はまだ身重だったことになる。

一周忌の法事をおえてから

夫の死を伝えられて悲嘆に暮れた青柳は、徳川家の手の者に捕らえられるのを恐れて、落城寸前の大坂から近江国蒲生郡《おうみのくにがもうごおり》の馬淵《まぶち》へ潜行。知り合いの荘官（庄屋）に頼み、かくまってもらうことになった。

年月日不明なのが口惜しいところだが、青柳は月満ちてつつがなく男子を出産。髪を下ろして尼僧となると、翌年五月には夫の一周忌を営み、持仏堂の内においてねんごろに修法《ずほう》をおこなった。

その修法がおわってからのこの女性の行動について、『浪速全書』はつぎのように簡潔に書き留めている。

「持仏堂ニテ心閑《しずか》ニ自害ヲ遂ゲタリト云伝《いい》フ」

この母子の身元引き受け人となっていた荘官は馬淵という姓だったらしく、生後一年足らずで孤児になった木村重成・青柳夫妻の忘れ形見をのちに自分の娘と結婚させ、馬淵源左衛門と名乗らせたという。

重成が豊臣家に殉じたのに対し、青柳はその夫に殉じたわけだが、子どもを出産し、出家して夫の一周忌をおこなったその日のうちに、と手順を踏んで夫の後を慕った冷静さには驚かざるを得ない。

筆者に自殺を賛美する気はさらさらないし、後藤又兵衛、真田幸村、淀殿・豊臣秀頼母子、そして木村重成らは、徳川家に膝を屈しさえすれば長寿を楽しむことも不可能ではなかった。だが、武士《もののふ》たちは長寿よりも死所を得ることを尊び、命よりも名を残すことを重んじる。その意味で青柳は、まことに武門に生まれた女性らしい選択をしたのである。

ちなみに、木村重成の妻は真野《まの》豊後守頼包《よりかね》という者の娘で慶長二十年に十八歳だった、とする異説がある。こちらの説によると、重成が夏の陣に出撃して死ぬ覚悟だと気づいた妻が一足先に自決する、という話になってしまうのだが、あまりリアリティが感じられない。明治天皇に殉じた乃木希典《まれすけ》大将が静子夫人とともに旅立ったように、木村重成には青柳という後を慕ってくれる妻がいた、と思っておくことにしよう。

（「ＰＨＰほんとうの時代」二〇一一年九月号）

北政所にとっての「今生の思い出」

織田信長に仕える木下藤吉郎が、尾張清須城の長屋の一室で杉原定利の次女禰々《ねね》と祝言を挙げたのは、永禄四年（一五六一）のこと。藤吉郎こと後の豊臣秀吉は二十五歳、禰々は十三歳の幼な妻であった。この時代の女性は十三歳で初潮を迎えるとされ、初潮がありさえすれば嫁にゆけるという発想が一般的だったため、幼な妻が多かったのだ。

天正十三年（一五八五）七月、その秀吉が関白に任官すると、禰々が北政所《きたのまんどころ》と呼ばれるようになったことはよく知られている。北政所とは、「摂政、関白の正妻を敬っていう語」である（『日本国語大辞典』）。総じてこのふたりは仲の良い夫婦だったといってよく、同年十月二十四日、越中征伐に出かけていた秀吉は北政所宛につぎのような手紙を書いた。

「返す〳〵、下くだしを指し候《そうらい》て、少し大便おり候やうに致したく候。（略）目出たき左右《そう》（手紙）待ち申し候」

北政所から便秘に悩まされていると伝えられた秀吉は、下剤を用いよと勧め、「目出たき」結果が出たらすぐ教えよ、といっているのだ。秀吉の書いた手紙には人間味あふれる内容でほほえみを誘われるものが少なくないが、つぎは、すでに文禄の役のはじまっていた文禄二年（一五九三）八月三日付の、やはり北政所宛の手紙。

「返す〳〵、九月廿五六日頃には、大坂へ参り申すべく、せつかく御まち候べく候。ゆるゆるだきやい候《あ》て、物がたり申すべく候」

この年、秀吉は五十七歳、北政所は四十五歳。秀吉には淀殿をはじめ十六人の側室があったが、秀吉は閨房《けいぼう》においても正室を大切にしていたことが知れる。

願いは穏やかな老後

北政所に弱点があったとすれば、それは石女《うまずめ》だったことである。対して、側室のうちでももっとも秀吉に寵愛《ちようあい》されたのは、ご存じ淀殿。淀殿とは「淀城を与えられた者」という意味合いだが、その淀殿は天正十七年五月、同城において鶴松を出産。この子が夭折したあとの文禄二年八月には大坂城で秀頼を産み、その権勢を不動のものとした。

その結果、豊臣家恩顧の大名たちは北政所派と淀殿派に割れはじめ、慶長三年（一五九八）八月十八日、秀吉が六十三歳をもって伏見城に逝くと両派の角逐があらわになった。

〈北政所派〉…浅野長政・幸長《よしなが》父子、前田利家・利長父子、黒田孝《よし》高《たか》・長政父子、加藤清正、細川忠興、福島正則、加藤嘉明、池田輝政。

〈淀殿派〉…石田三成、増田《ました》長盛、大谷吉継、小西行長、宇喜多秀家、毛利輝元、上杉景勝、長束《なつか》正家、島津義弘。

しかし北政所が真の頼みとしたのは、右に列記した〈北政所派〉ではなかった。五大老中の筆頭人で、信長の盟友でもあった最大の実力者徳川家康。

慶長四年（一五九九）九月、家康が秀頼の後見人として伏見城から大坂城へやってくると、すでに落飾して高台院という名の尼になっていた北政所は、これまで住んでいた西の丸を家康にゆずって京都三本木に隠棲することにした。鼻っ柱の強過ぎた淀殿がいずれ自滅するのに対し、石女だったためか太閤秀吉の正室であることを鼻に掛けるところのなかった高台院は、家康の庇護を受けて穏やかな老後を送る道を選んだのだ。

翌年九月十五日の関ヶ原の大一番に〈北政所派〉の大名たちが家康に味方したこと、その十五年後に淀殿・秀頼母子が炎上する大坂城本丸で自刃したことなどは周知の通り。対して高台院は慶長十年――関ヶ原の合戦から五年後に大御所家康の助力を受け、東山鷲ヶ峰のふもとに境内地九万五千坪あまりの鷲峰山《じゅぶざん》高台寺を終《つい》の住処《すみか》として造営。三本木から移り住んで、静かに余生を楽しんだ。

追憶に塗りこめられて

ここで筆者が興味深く感じるのは、いまでは京における観光名所となっている高台寺には秀吉夫妻の遺品や遺構が多いことだ。

その表門は、秀吉が自分の隠居城として造営した伏見城の薬医門を移築したもの。方丈との境の唐門は秀吉の御座船の屋形を据えつけたものであり、方丈の建物には秀吉がかって文禄の役のおわったことを祝って宴を張った伏見城の殿舎がそっくりそのまま使われている。

また、この方丈と付属の小方丈とは楼船廊《ろうせんろう》という名の渡り廊下でつながる持仏堂には、秀吉の御座船の用材が再使用されている。しかも、その天井の中央部には北政所と呼ばれていた時代に高台院の使用した牛車《ぎっしゃ》の屋形の金箔の天井が、そのままはめこまれた。

さらに方丈の西側に建てられた高台院自身の住房《じゅうぼう》（居住区）としては、伏見城にあったかつての北政所の化粧殿が、安土・桃山時代の華やかさをまったく失うことなく移築されたのである。

それにしても、いったいなぜ高台院はこのような寺を造営し、かつそこに朽ち果てることを願ったのか。答えはひとつ、高台院は北政所と呼ばれていたころの自分と秀吉との思い出の城門、御座船、牛車等に囲まれ、華やかなりし年月を今生の思い出として味わいながら生涯に幕を下ろそうとしたのである。

その意味で高台院にとっての高台寺には、古代エジプトの王たちが愛用の品々とともに眠るピラミッドや王家の谷に似た意味合いが感じられる。淀殿その他の側室たち、あるいは秀頼の遺品などがいっさいここに存在しないことも、高台院の秀吉の正室としての矜持《きょうじ》を言外に語っているのかも知れない。

その高台院が秀吉の思い出を抱いてこの地で世を去ったのは、寛永元年（一六二四）九月六日のこと。淀殿・秀頼母子の滅亡から九年、享年は七十六であったが、高台寺のお霊屋《たまや》の須弥壇《しゅみだん》にはふたつの厨子《ずし》があり、秀吉と高台院の坐像がいまも仲良くならんでいる。

（「ＰＨＰほんとうの時代」二〇一二年八月号）

名家老　福島丹波の論理と倫理

福島正則は加藤清正らとともに、豊臣秀吉子飼いの猛将として知られる。秀吉における天下分け目の戦いだった賤《しず》ヶ岳《がたけ》の戦い（対柴田勝家戦）に奮戦力闘し、「賤ヶ岳七本槍」の筆頭に名を謳《うた》われた正則は、三百石取りの身から一気に五千石取りの物頭《ものがしら》（足軽大将）へと出世。天正十三年（一五八五）には伊予今治《いまばり》十万石に封じられて大名となり、文禄四年（一五九五）には尾張清須へ移封《いほう》されて二十四万石、関ヶ原の戦いには東軍徳川家康の先鋒として力戦し、安芸《あき》・備後《びんご》二カ国計四十九万八千二百二十石と広島城を与えられた。

関ヶ原の合戦の勝者となって大坂城西の丸に入っていた家康に対し、福島正則がこれらの加増について謝意を表すべく登城してきたのは慶長五年（一六〇〇）十一月十九日のこと。正則に同行してきた三人の家老たちは、戦国乱世を生き抜く間に五体のいずれかに傷を負ってしまった者ばかりだった。

福島丹波《たんば》は、膝の骨に弾丸を受けて跛行《はこう》。尾関石見《いわみ》は、鼻の下から上唇にかけてを欠損。長尾隼人《はやと》は隻眼。

正則とこれら三人が礼をいって立ち去ったとたん、家康の小姓たちは笑い出していた。それを見て、家康は叱りつけた。

「人はいつ何刻大怪我をいたし、からだの自由を失うか知れぬもの。

あの三人はいずれも福島左衛門大夫《さえもんだゆう》（正則）の馬前に討死《うちじに》することを本望といたし、あまたの戦場を往来した大剛の者だ。さればこそ身は損ずるとも命までは失うことなく、家老職にまで昇りつめたのだ。それもわからず無礼にも笑い出すようでは、世間に名を知られるほどの者にはとてもなれまい」（岡谷繁実《おかのやしげざね》『名将言行録』より意訳）

本多正純の謀略

家康のことばにはなかなか含蓄があるが、福島正則家の家老三人のうち筆頭職は城代家老として二万二千二百五十六石三斗を受ける福島丹波であった。正則の甥《おい》にあたる丹波は、弘治三年（一五五七）尾張国海東郡二寺村《かいとうごおりふたつでら》の産である。

大坂冬の陣、夏の陣にも豊臣秀頼に味方することなくおわった正則を災厄が襲ったのは元和《げんな》三年（一六一七）十月末のこと。広島城の櫓《やぐら》の瓦が大暴風雨によって吹き飛ばされ、堀からあふれ出た水は土塀や石垣の一部を押し流してしまったのだ。

正則は老中本多正純《まさずみ》に城の修築を願い出、

「聞きおいた」

との答えを受けて工事を開始した。

ところが翌年六月九日、二代将軍徳川秀忠からの使者が芝愛宕下《あたごした》の広島藩中《なか》屋敷に老中連署の奉書を届けにきた。その奉書には、あらあら左のようなことが書かれていた。

「広島城を無断で増築したのは、大不敬の罪に当たる。よって安芸・

備後二カ国を没収いたす」(『台徳院殿御実紀』傍点筆者)
この老中連署の奉書には、安藤重信、板倉勝重、土井利勝、本多正純が花押《かおう》を記していた。正純の名があるとは、かれが「聞きおいた」といっておいて正則を陥れたことを意味する。
同月十四日、正則がふたたびやってきた使者に移封先はどこかとたずねると、奥州津軽四万五千石だという。秀忠はかつては豊臣大名だった正則を気に入らず、これまでの十分の一以下の所帯にしてしまうつもりなのだ。
正則が致し方なく承諾すると、安藤重信と常陸笠間藩主永井直勝が城を受け取る上使として広島へむかった。福島家の国許《くにもと》兵力は約四千。そのほとんどを広島城へ集合させた福島丹波は、二十三日に上使たちと初会見して以来、みごとな論理を展開してみせた。

交渉につぐ交渉

いわく、あるじ父子（正則と忠勝）の生死が知れぬ以上、開城はできない。あるじの下知する墨付の書状を見てから態度を決める。

上使たちが江戸の正則より京にいる忠勝に墨付を書かせた方が手っ取り早いと考え、許可を求めると、丹波はぴしゃりと応じた。

――われらが国を守るのはあるじの命によってであり、若君の命によるものに非《あら》ず。

では正則から墨付を取り寄せる、と上使たちが答えると、丹波は注文をつけた。

——あるじの墨付もなく城を受け取りにきたのなら、墨付が届くまで福島家以外の地に陣を構えよ。その儀認め難しというのなら、士道を守って快く一戦つかまつる。

侍には、侍の意地がある。城代家老の職務はあるじ不在の間その城を守ることだから、お前たちを城下に置いてはおけぬ、と丹波は宣言したのだ。

やむなく上使側が尾道から三里兵を引いたので、丹波は現代風にいえば粘り強い交渉人《タフ・ネゴシエーター》ぶりを遺憾なく発揮してみせたことになる。

その間に丹波は、全藩士に籠城を命令。七月に入ってようやく正則自筆の開城命令を受け取ると、また注文をつけた。

——家中《かちゅう》の女たちを徒裸足《かちはだし》で立ちのかせる訳にはゆかぬ。近国の船

四、五百隻を借り上げて、お貸し下さるべし。
上使たちがこれも承諾すると、丹波以下はようやく退城することにした。しかも、その立ちのき方が水際立っていた。大広間に侍帳を張り出し、その侍帳には姓名、役職、石高だけではなく武功の有無や籠城中のふるまいの良し悪しまで書かれていた。

その評判を聞いた諸大名は、こぞって福島家牢人たちを採用。ために、福島家牢人に長く流浪せる者ひとりもあらず、と世に謳われることになる。

むろん丹波の才覚に注目した者も多く、和歌山藩徳川家からは二万石、加賀藩前田家からは三万石で誘いがきた。そのすべてを辞退した丹波は京の東山に庵《いおり》を結んでひっそりと生き、寛永七年（一六三〇）、静かに七十四歳の生涯をおえた。
正則はよい家老を持ったものである。
（「ＰＨＰほんとうの時代」二〇一二年三月号）

「知恵伊豆」松平信綱の最後の願い

松平信綱《のぶつな》といえば、慶長八年（一六〇三）、わずか八歳にしてのちの徳川二代将軍秀忠に小姓として採用され、三代家光、四代家綱の下で二十九年間も老中をつとめた人物として知られる。信綱は大変な切れ者であることから「知恵伊豆」と渾名《あだな》されていたが、これは受領名《ずりようめい》（官職）の伊豆守《いずのかみ》と「知恵出《い》ず」を掛けたものだった。

寛永十五年（一六三八）に四十三歳の男盛りとなっていた信綱は、天草四郎を領袖格とするキリシタン一揆の起こした天草・島原の乱の鎮圧に成功。おそらくその功によって同十六年にそれまでの武蔵忍《おし》藩三万石からおなじく川越藩六万石へ転封となり、正保四年（一六四七）には一万五千石を加増されて川越松平家は七万五千石へとジャンプした。

その信綱が天草・島原の乱につづいて幕府を危機から救ったのは、慶安四年（一六五一）四月二十日に家光が病死してから三カ月後の七月二十三日のこと。軍学者由井正雪《しょうせつ》とその一味が駿府と江戸で同時に蜂起し、幕府を転覆させる計画が進行中とわかり、即日信綱は北町奉行石谷《いしがい》貞清以下とともに出動に踏み切った。

その目的は、由井正雪の副将格でお茶の水御中間町《おちゅうげんまち》に宝蔵院流槍術を教える道場兼住居を構えている丸橋忠弥《まるばしちゅうや》の召し捕りであった。しかし、その出動に先んじて丸橋忠弥とはどういう気性の者かを調べ上げていたのが知恵伊豆らしいところだ。

すると忠弥は、かなりの粗忽者《そこつもの》であることがわかった。

不世出の名老中

忠弥はおそらく軍資金を調《ととの》えようとしてのことだろう。金貸しの田代又左衛門から百両の金を借りようとした。そして又左衛門が渋ると、「つい謀叛《むほん》の計画を口にしてしまったのである」（進士慶幹《しんじよしもと》『由比正雪』）。

忠弥のこのような軽率さにつけ入ることにした信綱は、捕り方たちがその道場兼住居を包囲した時点で太い竹を多数持って来させ、鉈《なた》で一斉に縦に割らせた。竹はこうすると、バリバリと猛火が爆《は》ぜるような音を立てる。

そこで信綱が捕り方たちに、

「火事だ、火事だ！」

と呼ばわらせたところ、忠弥はすっかり欺《だま》されて二階の戸を引き、上体を覗《のぞ》かせた。そこにすでに一階の屋根に登っていた捕り方たちが踏みこみ、忠弥は呆気《あっけ》なく捕縛されてしまった。しょせん忠弥などは、知恵伊豆の敵ではなかったのだ。

一方、駿府にむかいつつある正雪を追った新番頭《しんばんがしら》の駒井親昌《ちかまさ》たちも俊敏に動いた。親昌は、二十五日午後には駿府に到着。駿府城代、駿府町奉行配下の者たちなどを四方に放ってすみやかに正雪とその同志計八人を発見。この八人は二十六日明け六つ（午前六時）に一斉に自刃し、二十九日には残党五十七人とその妻子百余人が捕縛された。

国家転覆の大陰謀が露見したのが二十三日。二十九日までに世にいう「慶安事件」はあらかた片付いたわけだから、何も決められずに甲論乙駁をくり返した民主党政権と比較すると、当時の幕閣・徳川官僚たちの才気の力量がよくわかる。信綱のように幕府の危機を二度も救った老中はこのあと二度とあらわれなかったから、かれはこの時点で不世出の名老中の名を不動のものとしたといってよい。

本望は江戸城内で倒れること

その信綱の体調が悪化したのは、明暦の大火（振袖火事）の発生した明暦三年（一六五七）のこと。六十二歳になっていた信綱は、両膝に痛みを覚えるようになったのだ。かれは足の甲に「かしこまり胝《だこ》」ができるほど正座して将軍に近侍していることの多い人生だったから、これは一種の職業病でもあった。

その信綱が、死に至る病に罹《かか》ったことを自覚したのは、寛文元年（一六六一）に六十六歳となったころのようである。それでも信綱は、隠居しようとは思わなかった。

「どこまでも勤めを第一とし、お城の内で倒れて死ぬことこそ本望だ」（『明良洪範《めいりょうこうはん》』大意）。

というのが、この名臣の考え方であった。

その後、尿が出にくくなった信綱は寛文二年一月十九日から病臥したが、その最後の願いはふたつあった。ひとつは、将軍家綱の精進日には死にたくないということ。家綱は歴代将軍とその正室の命日には精進潔斎するので、かれはそれを邪魔したくなかったのだ。

もうひとつは、せめて七日に死にたいと望んだこと。信綱の正室は寛永十三年（一六三六）三月七日に若くして生涯を終え、夫妻の子供たちは毎月七日を精進日としていた。だから信綱は、これ以上子供たちの精進日をふやしたくない、と考えたのだ。

三月八日ごろ、いよいよ臨終の時が迫ったと感じた信綱は、家光・家綱の二代から頂戴した文書はすべて焼却し、その灰を入れた袋を自分の遺体の頭に掛けて納棺せよ、と長男輝綱に遺言した（『厳有院殿御実紀』）。後世これらの文書がひとり歩きしはじめると、家光・家綱がこれらの親書を自分に与えた事情が誤解され、二将軍に対する要《い》らざる批判が起こるかも知れない。だからこれらはあえてこの世に残さない、という発想法だ。

同月十五日、ついに危篤となった信綱は、十六日には薬の服用を中止。

「明日は権現《ごんげん》さま（家康）の命日だから、明日は死ねない。死ぬのは今日か明後日《あさって》にしたい」（『明良洪範』）

と最後の願いを口にし、その日夕刻、願い通りに目を閉ざした。享年六十七。

五十九年間の長きにわたり、徳川官僚の手本として歩みつづけた信綱の墓所は、かつての川越藩領、埼玉県新座市野火止《のびどめ》の平林寺にある。

（「ＰＨＰほんとうの時代」二〇一二年一月号）

名君　保科正之、高天原をめざす

平成二十三年（二〇一一）は、私の敬愛してやまない保科正之《ほしなまさゆき》の生誕四百年に当たっていた。そのため四月二十九日には長野県伊那市高遠町《たかとおまち》で記念のパネルディスカッション、九月十一日には福島県会津若松市で文化講演会がひらかれ、私はそのいずれにも講師として招かれる光栄に浴した。

なぜ伊那市高遠町と会津若松市がこのような顕彰事業をおこなうかというと、徳川二代将軍秀忠とその秘密の側室お静の方の間に生まれ、幸松《こうまつ》と名づけられた少年は、七歳のとき信州高遠二万五千石の藩主だった保科正光に養子入りした（以後、高遠藩には幸松の養育料として五千石が加増される）。正光の死によって同藩を相続した幸松は保科正之と名を改め、異母兄である三代将軍家光に誠実にして奢《おご》らぬ人柄を見こまれて、出羽山形二十万石を経て奥州会津二十三万石（実質二十八万石）の初代藩主に抜擢された。民を愛し、税を低く抑えたその善政は今もよく知られているため、旧高遠藩領と旧会津藩領に生きる皆さんはこの名君の生誕四百年を祝ったのである。

この人物に関心のある方には小著『保科正之―徳川将軍家を支えた会津藩主』（中公新書・中公文庫）、『慈悲の名君　保科正之』（角川選書）などをお読みいただきたいが、長編小説『名君の碑　保科正之の生涯』（文春文庫）の「あとがき」にはその業績を九項目に分類して示しておいたので、今回はこちらを紹介する。

世界初の国民年金制度

まず四代将軍家綱の輔弼役《ほひつやく》、実質上の副将軍として幕政を指導した功績は、左のように要約できる。

一、家綱政権の「三大美事」の達成（末期養子の禁の緩和、大名証人〈人質〉制度の廃止、殉死の禁止）

二、玉川上水開削の建議と断行

三、明暦の大火直後の江戸復興計画の立案と、迅速なる実行（ただし、江戸城天守閣は無用の長物として再建せず）

会津藩初代藩主として見せた手腕のほどはつぎのようになる。
四、幕府より早く殉死を禁止したこと
五、社倉制度の創設（以後、飢饉の年にも餓死者なし）
六、間引の禁止（結果として人口が増加）
七、世界初の国民年金制度の創設（身分男女の別を問わず、九十歳以上の者には終生一人扶持《ぶち》（一日につき玄米五合）を給与）
八、治療費無料の救急医療制度の創設
九、会津藩の憲法である「会津藩家訓《かきん》」十五カ条の制定
正之は江戸時代初期の大名には珍しい好学の人であり、儒学をより哲学的に掘り下げた朱子学を深く学んだ。そして自身は足るを知る心――知足《ちそく》の精神を身につけ、民の幸福を願った正之は、右に「七」

「八」としておいた現代の先をゆく素晴らしい政治をおこなってみせたのだ。

しかし、このような名君も老化は避けられない。寛文元年（一六六一）、五十一歳になったころから正之はふたつの持病に悩まされた。ひとつは書物の読み過ぎによる白内障の発症、もうひとつは結核性の喀血《かっけつ》である。喀血の発作は、三年後の寛文四年には一月十日、二十九日、六月十二日と連続。白内障も進行し、同六年六月、正之はほとんど盲いてしまったため家綱に致仕《ちし》（引退）を乞うた。

その三年後の寛文九年四月二十七日、五十九歳にしてようやく致仕することを許された正之は、十一月からいよいよ死への準備をしはじめた。

磐梯山は天への通路

最初にしたのは、家綱へ差し出した献言書、政策案の類をすべて焼き捨てること。老中松平信綱と仲の良かった正之は、信綱がすべて書類を焼却して死んでいったことを知り、これにならったのだ。

さらに寛文十二年（一六七二）五月、会津へ最後の帰国を果たした正之は、快晴の八月二十一日には神道の師である吉川惟足《よしかわこれたり》らを供として猪苗代《いなわしろ》へおもむき、まず磐梯山《ばんだいさん》の南東の麓《ふもと》の磐椅《いわはし》神社に参拝。さらに高みに登り、

「わが身をここに納むべし」（『家世実紀』意訳）

と見えない目で側近たちに命じて一首詠《よ》んだ。

「万代といはひ来にけり会津山たかまの原のすみかもとめて」

「万代」は磐梯と「よろずよ」の掛詞《かけことば》かと思われるが、ここで吉川神道、正之、磐梯山の関係を説明しておきたい。

正之は吉川惟足から神道の極秘伝と「土津《はにつ》」の神号を与えられていたから、死して土津霊神となったならば昇天して高天原《たかまがはら》にゆけると信じていた。一方、磐梯山の磐梯とは岩で出来ている階段という意味であり、この山の頂上ははるか上空の高天原とつながっていると考えられていた。だからこそ正之は、この地に眠れば魂魄《こんぱく》は天に昇ってゆき、現世を見守ることができる、と思ったのだ。

吉川惟足は、謹んで返歌をこころみた。

「君ここに千とせの後の住所《すみどころ》二葉の松は雲をしのがん」

こうして寿蔵《じゅぞう》（存命中に建てる墓）の地を定めた正之は、九月十八日帰府。十一月上旬に風邪を引いて病臥し、十二月十八日の明け方に静かに目を閉じた。日本史に輝く「徳川の平和《パックス・トクガワーナ》」の時代を実現させた不世出の名君は、享年六十二であった。

正之の定めた寿蔵の地は、今日の土津神社の奥津城《おくつき》である。この神社の巨大な石灯籠《いしどうろう》が東日本大震災で倒壊してしまったので、私ども夫婦はささやかながら宮司さんに見舞金をお届けしてきたところだ。

（「ＰＨＰほんとうの時代」二〇一二年二月号）

新選組伍長　島田魁、二君に仕えず

新選組の隊士の中で屈指の巨漢だった島田魁《さきがけ》は、身長六尺（約一八一・八センチメートル）以上、体重は四十五貫（約一六九キログラム）もあり、

「おすもうさんのような堂々とした体軀《たいく》の持主であった」

と、その孫の塩津敦子氏が書いている（「島田魁」、新人物往来社編『続・新選組隊士列伝』）。

文政十一年（一八二八）一月十五日、美濃国厚見《あつみ》郡雄綱村の郷士近

藤伊右衛門の次男として生まれ、大垣藩士島田才に養子入りした魁は、その巨体に似合わず運動神経に恵まれており、武芸修得に才能を発揮してみせた。

魁は安政三年(一八五六)、二十九歳にして出府。心形刀流《しんぎょうとうりゅう》の坪内主馬《しゅめ》に入門し、ついで大坂の南堀江二丁目に町道場をひらいていた谷万太郎に再入門して種田流槍術を修めた。

坪内道場には、のちに新選組副長助勤・二番隊長となる永倉新八が師範代格で出入り。谷万太郎も兄の三十郎、弟の周平とともに新選組に参加し、大坂支局長のような役割を果たす人物だから、文久三年(一八六三)五月二十五日以前に魁が新選組の前身の壬生《みぶ》浪士組に加入したのは、永倉らの推挙によるものと考えられる。

相撲取りを投げ倒した男

魁が名をあらわしたのは、同年七月十四日に不逞浪士捕縛のために京から下坂し、十五日夕刻、近藤勇《いさみ》、芹沢鴨、永倉新八、沖田総司らと淀川で舟涼みを楽しんだ直後に発生した事件に関与したことによる。淀川の鍋島河岸《かし》には小さな流れが注ぎ、その流れには蜆橋《しじみばし》が架かっていた。その蜆橋の近くで起こったこの事件とは大坂角力《ずもう》との乱闘であるが、魁は『島田魁日記』に左のように記録している。

「蜆橋ノ側《そば》ニテ相撲両三人来《きた》リ。道ヲ塞《ふさ》ギ悪口ヲ申シ、遂ニ投《なげ》倒シ三人ノ相撲遁《にげ》去リ、直《ただち》ニ四五十人六角ノ棒ヲ以《もっ》テ四方ニ向ヒ不得止《やむをえず》切《きり》殺《ころ》ス。三四人死ス」

プロの相撲取りを投げ倒した、という記録は世にも珍しいものといわねばならない。

その後かれは調役《しらべやく》並《ならびに》監察、あるいは伍長という役を与えられ、新選組のほとんどの戦いに加わった。そのことについては長編小説『いつの日か還る――新選組伍長島田魁伝』（文春文庫）に詳述したので、本稿では慶応四年（一八六八）四月二十五日、近藤勇が江戸の板橋宿で明治新政府軍によって斬首されて以降の魁の動きを眺めてみよう。

かれは、あらたな新選組隊長となった土方歳三《ひじかたとしぞう》らとともに江戸から北上し、宇都宮城を占領。さらに会津戊辰戦争に参加し、会津藩が決定的に不利となってからは仙台へ走って、江戸湾から脱走してきた旧幕府海軍に合流した。

慶応四年が明治元年と改元されて二カ月目の十月十九日から旧幕府海軍が蝦夷地《えぞち》に上陸したときも、魁たちはこれに同行。旧幕府海軍副総裁榎本武揚《たけあき》を総裁とする蝦夷地政府が成立する前後も、かれは箱館新選組の一員として松前藩攻めその他に参加した。

しかし、明治二年五月十一日、新政府軍の総攻撃のさなかに土方歳三も戦死。十八日、蝦夷地政府は降伏し、魁の身柄は青森を経て名古屋へ送られた。

その謹慎生活は明治六年六月までつづくのだが、ある程度のことは大目に見られていたようだ。というのも魁は、慶応元年（一八六五）のうちに京で身長が四尺（約一二一・二センチメートル）ほどしかない仏具商丹波屋定七の養女おさとと結婚し、翌年には長男魁太郎《かいたろう》が生まれていた。新政府は魁が名古屋へやってきたおさと・魁太郎母子と同居することを許し、明治四年九月には次男の柳太郎も生まれているからだ。

清貧な暮らしに甘んじて

釈放後、妻子をつれて懐しい京へ帰った魁は、雑貨屋をひらいたものの武士の商法でみごとに失敗。明治九年前後からは下京区大宮通丹波口下ルの仏具商八幡屋の店子《たなこ》となり、剣道場によって生計を立てた。

この道場がよく繁盛したのは不平士族の乱が各地で発生しつつあり、剣道ブームが起こっていたこともあろうが、魁の人柄の良さによるところもあったようだ。酒は駄目、甘いものが大好きだった魁は、力瘤《ちからこぶ》を作って門人に樫の木の算盤《そろばん》で力一杯叩かせ、それでも腕が赤くならなかったら魁の勝ちとして、門人たちにぜんざいを鍋一杯おごらせることを楽しみとしていた。

しかし、新政府の役人となっている知り合いから出仕を勧められたときには、毅然《きぜん》として答えた。

「若くして死に、地下に眠っている友人達はどうするのだ」（前出「島田魁」）

明治十三年ごろ、海軍卿になっていた榎本武揚が京にきて、魁に宿へ来られたしと使いをよこしたことがある。このときも魁は、

「会いたくば、先方より出向くのが礼儀、行く必要はない」（同）

と答えて会見を拒否してしまった。徳川将軍と明治天皇の二君に仕

えた武揚のことを、魁は福沢諭吉と同様に変節漢とみなしていたのであろう。

明治十九年ごろから剣道ブームが下火になると、かれは西本願寺の夜警となって清貧な暮らしに甘んじた。ただしその晩年は、妻子との死別の連続となった。

明治二十二年、魁六十二歳のときに魁太郎が二十四歳の若さで死亡。翌年におさとが死ぬと、そのショックで長女おと免《め》十七歳も一週間後に頓死し、三男の清次郎も二十五年に十七歳にして夭折してしまったのだ。

その後さらに八年の歳月を生きた魁は、三十三年二月二十七日以降は休職となっていたのに、三月二十日には春の彼岸で西本願寺が混雑することを心配して出勤。持病となっていた喘息の発作に襲われたらしく、翌朝、境内の一角で倒れているところを発見された。
どこまでも律義に生きたこの人物は、享年七十三であった。

（「ＰＨＰほんとうの時代」二〇一一年五月号）

脱藩大名　林忠崇の長寿の秘訣

最後の将軍徳川慶喜《よしのぶ》が、慶応三年（一八六七）十月十四日に大政奉還をおこなったことはよく知られている。この時点で存在した大名家は二百七十家だが、その中に上総国望陀郡請西村《かずさのくにもうだごおりじょうざい》（現・千葉県木更津市）に陣屋を持つ請西藩一万石があった。

三代目のその藩主は、林昌之助《しょうのすけ》、諱《いみな》を忠崇《ただたか》といい、数え二十歳。あけて慶応四年初頭に始まった鳥羽・伏見の戦いが薩長主体の新政府軍の勝利、旧幕府軍の敗北と決まったころ、まだ純情な青年であった忠崇は、たとえ請西一万石を投げ捨てても徳川家に仕えつづけたい、と考えるようになっていた。

するとと江戸を脱走してきた旧幕府勢力——撤兵隊《さっぺいたい》や遊撃隊などが陣屋にあらわれ、新政府軍への徹底抗戦を呼びかけた。心形刀流《しんぎょうとうりゅう》の名剣士伊庭《いば》八郎、京の御家人人見勝太郎を隊長とする兵力三十数名の遊撃隊に参加することにした忠崇は、藩主みずから脱藩。五十九名の藩士たちを率い、まずは前橋藩の富津《ふっつ》陣屋を経て安房《あわ》の館山藩領をめざした。

その目的は館山湾から船で相模灘を西へ押しわたり、伊豆・相模を制して東海道筋の佐幕派諸藩を糾合することにあった。安房・上総の諸藩から協力を申し出た者も少なくなく、総兵力はいつか百七十名にふくれ上がった。

遊撃隊の戊辰箱根戦争

館山藩主稲葉正巳《まさみ》が二百石積みと三百石積みの和船を用意してくれたため、一行は四月十日に出航。相模灘を西へ横断して十一日に真鶴に上陸し、十二日には小田原藩の家老たちと面談して協力を求めた。

しかし、小田原藩側は、

「しばらく時期を待っ」

というばかり。実のところ小田原藩は家中《かちゆう》が佐幕派と勤王派に割れており、新政府軍とも江戸脱走軍とも事を構えたくないとする腰の引けた感覚で事態を傍観しようとしていたのだ。それに気づかなかった忠崇たちはさらに参加者を募り、二百七十三名の部隊となって軍資金も五千百両までふくれ上がった。

この遊撃隊が、小田原兵三百の守る箱根の関所を武力によって占拠したのは五月二十日のこと。江戸では十五日に彰義隊が上野戦争を起こし、一日で壊滅していたが、その結果までは伝わらなかったため、遊撃隊は彰義隊に呼応して動きはじめたのだ。すると小田原藩は遊撃隊に屈伏し、お味方するといい出した。

だが二十三日、すでに江戸入りしている大総督府（新政府軍の中枢）は、小田原へ問罪軍を派遣することを決定。小田原藩に対しては、新政府に恭順の証《あか》しを立てるなら独力で遊撃隊を討てと命じたことから、二十六日に箱根戊辰戦争が巻き起こった。

遊撃隊と小田原藩の兵力はほぼおなじだが、後者のバックには問罪軍二千五百がついている。伊庭八郎は左手首がぶらぶらになる重傷を負ってしまい、遊撃隊は死者三十五人を出しながら熱海の隣の網代《あじろ》港へ逃れた。

その後いったん館山へもどった忠崇たちは、六月一日には今度は北へむかって出発。三日夕方に小名浜港（現・福島県いわき市）に着いた。すでに奥羽越列藩同盟が結成されていたため、これに加盟して再度新政府軍と戦おうというのだ。

そのファイティング・スピリットは注目すべきだが、十七日からはじまった磐城《いわき》戊辰戦争は列藩同盟軍の敗北におわる。忠崇は失意を抱いて会津、相馬中村城下、仙台を流浪するうち、新政府が徳川家に駿府七十万石を与えて同家を存続させると決定したことを知った。

「琴となり下駄となるのも桐の運」

であるならば、忠崇は抗戦目的を達成したことになる。九月二十一日、降伏謝罪を申し出た忠崇は、芝愛宕下の唐津藩江戸中屋敷に謹慎。明治五年（一八七二）一月にその罪を許されると、旧請西藩陣屋跡に帰農し、その後は職を転々として苦しい生活を続けたが、明治二十六年五月、ようやく無爵華族として待遇されるようになった。

その忠崇が長寿に恵まれたのは、つねに剣道の稽古に励んだこと、朝六時起床、夜九時就寝という規則正しい生活をしたこととともに、ゆったりとした精神状態でいることを大切にしたためと思われる。かれは八十八歳になる前に、つぎのように軽妙な狂歌を詠んでいる。

「冥土《めいど》からもしも迎ひが来たならば八十八を過《すご》してのちと」

「冥土からまたもむかひが来たならば九十九迄は留主《るす》とこたへよ」

「留主といわばまたも迎ひが来《きた》るべしいつそいやだと言切《いいき》るがよし」

昭和十二年（一九三七）は、戊辰戦争のあった明治元年（一八六八）から数えれば七十年目の節目の年であり、九十歳となった忠崇はなお健康を維持して戊辰戦争請西藩戦没者の招魂祭七十年祭を主催することができた。

今、当時のことを思うとどんな感想が浮かぶか、と新聞記者に問われたとき、忠崇は俳句をもって答えた。

「琴となり下駄となるのも桐の運」

脱藩などしなければ旧大名として子爵以上にはなれたのだが、忠崇はそんなことにこだわりを持ってはいなかった。

最晩年の昭和十六年一月、忠崇と同居していた長女ミツが容態の悪さに気づき、親族を呼ぶと、そのひとりが忠崇に辞世を求めた。忠崇は、答えた。

「明治元年にやった。今はない」

その明治元年に降伏する前、忠崇は切腹を命じられることを覚悟してこう詠んでいた。

「真心のあるかなきかはほふ《屠》り出す腹の血しを《ほ》の色にこそ知れ」

同年一月二十二日に死亡した最後の大名林忠崇は、享年九十四。千葉県では、忠崇たち遊撃隊は今日も「上総義軍」と呼ばれて高く評価されている。

（「ＰＨＰほんとうの時代」二〇一二年七月号）

松平容保と戊辰の殉難者

松平容保《かたもり》といえば、最後の会津藩主（のち子爵）である。幕末に足掛け六年間、京都守護職として京に滞在、尊攘激派（過激な尊王攘夷派）を抑えて治安回復に努めた容保は孝明天皇にもっとも信頼された武士であり、その証拠に天皇は文久三年（一八六三）十月九日、

「たやすからざる世に武士《もののふ》の忠誠の心を喜びてよめる」

と詞書《ことばがき》した御製二首をかれに与えた。

「和《やわ》らくも武《たけ》き心も相生《あいおい》の松の落葉のあらず栄えん」

「武士と心あはしていはほをも貫《つらぬき》てまし世々の思出《おもいで》」

二首ともに公武合体——朝廷と幕府が一致協力する体制にあることを喜んだ作柄にほかならない。

しかし、慶応二年（一八六六）七月二十日、徳川十四代将軍家茂《いえもち》は二十一歳の若さで病没。同年十二月二十五日には孝明天皇も崩御し、このころから薩摩藩と長州藩が討幕派として策動しはじめた。

鶴ヶ城での籠城戦

その結果、慶応四年一月三日に薩長軍と旧幕府軍の間に起こったのが鳥羽・伏見の戦いであることは周知の通り。これにはじまる一連の戊辰戦争は、あらあら次のように進んでいった。

同年四月十一日、江戸無血開城。同日、最後の将軍慶喜《よしのぶ》、水戸へ退去。五月十五日、上野戦争が起こり旧幕府の彰義隊潰滅。八月二十三日、会津藩、鶴ヶ城での籠城戦を開始。九月八日、明治改元。同月二十二日、会津藩、開城降伏。明治二年（一八六九）五月十八日、榎本武揚ら箱館五稜郭から降伏し、戊辰戦争終了。

元治《げんじ》元年（一八六四）七月十九日に勃発した禁門の変（蛤《はまぐり》御門の変）から戊辰戦争の終了までに発生した会津藩戦死者総数は、三千十四人（会津弔霊義会『戊辰殉難追悼録』）。旧幕府軍および会津藩を支援すべく結成された奥羽越列藩同盟の死者の合計は四千六百五十余人（同）だといえば、会津藩領が同胞相食《は》む内戦の悲劇の中心地となってしまったことが納得できよう。

旧会津藩の城下町若松――今日の福島県会津若松市においてこれら戊辰戦争殉難者たちの供養がはじまったのは、明治二年七月からのこと。それまで戦場付近に仮埋葬されただけであった遺体は七日町の阿弥陀寺に千二百八十一柱、西名子屋町の長命寺に百四十五柱が改葬され、明治七年（あるいは八年）には、旧会津藩士松田一芥の力で阿弥陀寺に拝霊殿が建立された。

会津若松市の東方二キロ、飯盛山に白虎隊墳墓の原型が出来上がるのは明治十六年のことだが、こちらの墓前広場には明治六年以前に松平容保が詠んだ和歌を刻んだ碑《いしぶみ》がある。

「幾人の涙は石にそそぐともその名は世々に朽《くち》じとぞ思ふ」

この歌からも、容保が白虎隊の少年たちをふくむ三千人以上の藩士とその家族を死なしめてしまった旧主として明治時代へ歩み出ていったころの苦しい気持がうかがえる。さらに明治二十三年、旧会津藩士たちが多く移住した青森県十和田市の澄月寺《ちょうげつじ》に「戦没諸士之霊を招く碑」が建立されたときにも、容保は同寺に一首を贈った。

「今もなおしたう心はかわらねどはたとせあまり世は過ぎにけり」

右は、相田泰三『松平容保公伝』の原文通りの表記で紹介した。容保は戦死者とその遺族を悼み、自身の戦争責任を噛みしめながら後半生を生きていったのである。

恩賜のコーヒー牛乳に涙して

上述の阿弥陀寺、長命寺、飯盛山の三カ所では、今日も春と秋の彼岸に財団法人会津弔霊義会主催の戊辰殉難者祭典がおこなわれる。飯盛山での式典の後には直会《なおかい》がひらかれるのだが、参会者に供されるのは冷酒に赤飯、鰊《にしん》とコンニャクの煮付が三切れずつ、そして香の物が二切れと決まっていて、筆者が出席したときも昔通りだった。

だが、明治十年代後半のことか、某年の式典と直会に容保も出席することになったため、元家老の諏訪伊助、元公用方の広沢安任《やすとう》らは旧主のために別のお膳を用意したことがあった。むろんこれは、旧主に鰊とコンニャクの煮付程度をお出しするのでは申し訳ない、という感覚が働いたのだ。

ところが、着席した容保は自分の膳部に箸をつけようとはしなかった。以下は、広沢安任と容保のやりとりである。

「粗餐で恐れ入りますが、どうかお箸をお取り下され」

「余の膳部は、その方らのものとおなじか」

「いえ、別でござります」

「しからば、衆とおなじものにいたす」

そう答えた容保は、断固としてつづけた。

「余の此《この》祭祀に参列するは美酒佳肴を欲するにあらず、唯《ただ》衆と共に旧を語り古《いにしえ》を偲《しの》び以《もっ》て亡霊を弔わんとするに外ならず」（『松平容保公伝』）

広沢たちは旧主の不興を買うことを恐れ、ほかの出席者とおなじ膳を容保にも食してもらうことにした。この逸話からも、容保の胸の思いは痛いほど伝わってくる。

さて、明治二十六年冬にその容保が五十九歳にして死の床に就いたときのこと。それを知った英照皇太后（孝明天皇の女御）が見舞いのためコーヒー牛乳を贈ると、容保は「直《ただち》に侍女に扶《たす》けられて牀上《しようじよう》に起きあがり、感涙に咽《むせ》びながら之を拝戴し、有り難く服用し給ひき」（山川健次郎「英照皇太后陛下より忠誠神君へ牛乳を賜りしこと」、『男爵山川先生遺稿』）。

戊辰の賊徒と名指された容保は、皇太后が孝明天皇と自分の君臣相和した関係を理解してくれていると思い、落涙して生涯をおえたのである。容保は、大名には珍しく純情な人であった。

（「ＰＨＰほんとうの時代」二〇一二年十二月号）

最後の会津武士　町野主水の遺言

関東大震災の発生する三ヵ月前、大正十二年（一九二三）六月中旬のことである。福島県若松市北小路町（現・会津若松市日新町）のある屋敷を出て会津若松駅近くの融通寺《ゆづうじ》へむかった葬列は、人の目を驚かすに足るものであった。

先頭に標旗《ひょうき》（旗印）、列のうしろに僧侶と遺族がつづいていたことだけは普通ながら、棺《ひつぎ》の前を進んだ男たちは抜身《ぬきみ》の槍と刀を午後の光に輝かせていたのだ。しかも、棺は筵《むしろ》につつまれ、縄を掛けられて裸馬に引っ張られていた。
この奇妙な葬列には、若松連隊（歩兵第六十五連隊）から派遣された会津出身の将校四人も同行。棺の左右にふたりずつ張りつき、抜刀の礼を捧げつつ行進していった。

「無学院殿粉骨砕身居士」

それにしても、なぜこのような葬列が組まれたのか。それはこの日葬られる当人が、一見奇怪な遺言を残していたことに理由がある。その遺言とは、つぎのようなものであった。
一、わが亡骸《なきがら》は筵につつみ、縄で縛って葬式を出せ。
二、葬列は標旗、提灯《ちょうちん》、抜身の槍、抜身の刀、それから死骸、僧侶、家族の順とし、参列者は全部徒歩たるべき事。

三、戒名は「無学院殿粉骨砕身居士」とせよ。

この遺言を残した人物は、町野主水《もんど》八十五歳。喪主をつとめるその次男武馬は陸軍少佐であり、若松警察署にこのような葬列を出すと伝えてあった。

「葬列に抜身の槍や抜身の刀を持つ者をまじえるとは、はなはだ穏やかではない」

と、若松警察署は否定的な見解を示した。

しかし、武馬は、

「遺言だからそのとおりにやるんだ」

といって、引き下がらなかった。退役の陸軍少将だった松江豊寿《とよひさ》市長には、町野主水・武馬父子の思いを深く理解できる器量がそなわっていた。松江市長は、若松警察署を説得。ついで若松連隊に将校四人の参列を求め、棺に対して抜刀の礼を捧げてもらうことにした。こうすれば、抜身の槍と刀が異様には感じられなくなる、と市長は考えたのだ。

町野主水は、天保十年（一八三九）十二月三十日、三百石を食《は》む会津藩家老付組頭《つきくみがしら》町野伊左衛門・きと夫妻の長男として若松城下に生まれた。幕末まで源之助という通称を名乗っていた主水は刀槍《とうそう》の達人であり、実に血の気が多かった。元治《げんじ》元年（一八六四）初夏、京都守護職として京に赴任している会津藩主松平容保《かたもり》の下で働くべく京へ上っていった主水は、富士川付近で桑名藩士二名と喧嘩。ふたりを撫で斬りにしてしまい、京都守護職屋敷に着いたとたんに牢へほうりこまれた。

それでも、主水はこんなことで鬱々としてしまうような男ではない。七月十九日、長州藩の放った遠征軍が御所に迫って禁門の変（蛤《はまぐり》御門の変）を引き起こすや、主水は脱牢してこれを迎え討ち、三番槍の手柄を立てた。

その主水は、慶応四年（一八六八）二月には越後における二万七千石の飛地《とびち》領小出島《こいでじま》の奉行として現地へ赴任したが、このとき勃発したのが小出島戊辰戦争。優秀な新政府軍の前に一敗地に塗《まみ》れた主水は、その後は会津藩最強の部隊といわれた朱雀四番士中隊の隊長として越後方面を転戦した。

そして運命の八月二十三日、東の白河方面から進撃した新政府軍が猪苗代を越えて若松城下へ突入すると、城下に残っていた老幼婦女が鶴ヶ城へ走るか自刃するかのふたつにひとつを選んだことは周知の通り。急を知って駆けもどった主水は何とか籠城戦に参加できたものの、禁門の変から明治と元号の変わっていた九月二十二日に開城降伏するまでの間に発生した会津藩戦死者総数は三千十四人に達していた（会津弔霊義会『戊辰殉難追悼録』）。

遺体の収容問題

しかも勝者となった明治新政府軍は、城下ないしその周辺に仆《たお》れた会津藩士の遺体の収容を許さなかった。賊徒の死体など埋葬する必要はない、というのだ。

これを憤った生き残りの会津藩士たちは主水を中心にまとまり、何十回となく融通寺に置かれた新政府軍の軍務局に出むいて「死屍収集並《ならびに》埋葬ノ件ヲ請願」した（同）。

その結果、明治二年二月になってからようやく埋葬が許可され、阿弥陀寺には千二百八十一柱、長命寺には百四十五柱、飯盛山には白虎隊の霊が祀られることになった。

しかし、東日本大震災でだれしもが痛感したように、遺体が遺体の原形をとどめているのはわずかの期間のことでしかない。主水たちは足だけ、あるいは腕だけになって腐臭漂う部位まで集めることによってこの作業をつづけてゆくしかなかった。

奇跡的に生き残った主水は、こうした努力によって「最後の会津武士」といわれる後半生をたどるのだが、冒頭で触れたような葬儀をおこなうよう主水が遺言した理由はもうおわかりだろう。

たとえば阿弥陀寺への千二百八十一柱の埋葬の場合、主水たちは衣装も消えてしまっている遺体を何段も「井」の字形にして穴の底に納めてゆくしかなかった。死者ひとりひとりに棺を造る余裕などはないから死者たちは筵につつまれ、裸馬や荷車によって運ばれたのであり、このようにして友人、知人、家族たちを葬った主水としては、自分がいかに若松の名士となったところで、自分だけが立派な葬儀を出してもらうことなどはあってはならないことだったのだ。

しかし、さすがに武馬も「無学院殿粉骨砕身居士」という戒名は聞かなかったことにし、「武孝院殿顕誉誠心清居士」とした。
この武馬が昭和二十年（一九四五）の敗戦直後、戦後処理について吉田茂首相のよき相談相手となったことは知る人ぞ知る事実である。

（「ＰＨＰほんとうの時代」二〇一二年六月号）

歴史家　藤原相之助の涙と毛布

だれかが小説家になろうとした場合、読んでおいた方がいい作品はあっても、それを読んでおかないと小説は書けない、といった作品はない。トルストイの『戦争と平和』やトーマス・マンの『ブッデンブローク家の人々』を知らずとも、小説は書ける。

対して歴史家を志す場合には、各ジャンルごとに必読文献というものが存在する。テーマを幕末史に限っても、長州藩を研究するなら末松謙澄《けんちょう》『防長回天史』、会津藩なら北原雅長『七年史』や山川健次郎監修『会津戊辰戦史』を読まずに書かれた論文などは、タイヤのない自動車に似たガラクタにすぎない。同様に奥羽第一の雄藩であった仙台藩六十二万石伊達家の幕末維新史について学びたい人は、とにかく藤原相之助《あいのすけ》の労作『仙台戊辰史』を読まなければお話にならない。

そういえば、私は同書が平成十七年（二〇〇五）にマツノ書店から復刻されたとき、同社に依頼されて「『仙台戊辰史』推薦の辞」を書いたことがあった。以下は、その一節である。

「まず『戊辰前記』の章では、幕府が開国政策を採って以降、仙台藩内部が『鎖攘党』と『開国党』に分裂し、互いに激しく争った次第が解説される。（略）

ついで『戊辰記』では、慶応四年三月十八日に奥羽鎮撫《ちんぶ》総督九条道孝、副総督沢為量《ためかず》、参謀醍醐忠敬《ただゆき》、下参謀二名――大山格之助（のち綱良、薩摩藩士）、世良修蔵《せらしゅうぞう》（長州藩士）らが仙台領に入り、会津討ち入りを督促したことからついに仙台藩が東軍として立ち、奥羽戊辰戦争が終結するまでの過程が語られる。

とくに名高いのは世良修蔵の驕慢と性的乱脈ぶりを描くのにかなりの筆が費やされ、著者自身も筆誅を加える意思をあらわにしていることであろう」

「東に藤原非想あり」

仙台から福島に転陣した世良修蔵は、大内屋のお駒という十九歳の遊女に耽溺《たんでき》し、軍務と称してお駒の部屋から出て来なくなる好色ぶりであった。これらの事実をも容赦なく暴き立てた同書が、仙台の荒井活版所から刊行されたのは明治四十四年（一九一一）のこと。秋田県仙北郡出身の著者藤原相之助は非想の号を持つ東北新聞社の記者で、その二年後には河北新報社の主筆に迎えられている。

当時、九州日報社には『元禄快挙録』を書いた名記者福本日南《にちなん》がいたが、日南と相之助は、

「西に福本日南あり、東に藤原非想あり」

と表現されることもあった。もって相之助の令名のほどが知れよう。

相之助はやはり秋田出身の京大の東洋史学者内藤湖南とともに、

「東北の二大健筆」

と形容されたばかりか、柳田國男、大槻文彦、徳富蘇峰《そほう》らとも交流

した。前述の『防長回天史』が『仙台戊辰史』の痛烈な長州藩批判に対抗して書かれたものだといえば、東の論客としての相之助の重さが知れよう。

しかし、相之助は昭和元年（一九二六）、六十歳にして喉頭ガンをわずらい、喉に穴を開ける手術には成功したものの、その後二十年以上をベッドの中ですごさざるを得なくなった。その孫で、日銀副総裁をつとめたこともあるノンフィクション作家藤原作弥《さくや》の回想がある。

「祖父の喉には直径一センチの穴が開いているので、しゃべる際は、その穴に手で蓋をして声を出さなければならないが、どうしても空気が漏れるので、あまりよく聞きとれない。（略）

私は祖父の象のように優しい目を見つめる。目が笑う。顔がうなずく。祖父は、食事がおいしかった、といっているのだ」「〝藤原三代〟の記」、藤原相之助『奥羽戊辰戦争と仙台藩』マツノ書店版所収）

相之助は作弥に「一円切手十五枚」と書いた紙と十円札二枚をわたし、買物を頼むこともあった。お釣りの五円は小遣いにしなさい、という祖父らしい配慮である。

相之助は昭和二十三年（一九四八）、八十二歳にして生涯を閉じるのだが、このとき十歳の少年だった藤原作弥はその臨終の模様をも記録している。

「祖父の意識は最後までしっかりしていた。

その日、医者の診察が終わると、祖父は、色紙と万年筆を求め、ゆっくりとペンを走らせた。それは我が魂はいまや肉体を離れて、故郷

の田沢湖の畔《ほとり》に飛び帰る——という意味の和歌と漢詩だった」（同）

両手で毛布を引き上げて

まことに知的なふるまいだが、私がもっとも胸を打たれたのは、次の文章によって相之助の最後の行動を知ったときであった。

「それから祖父は、毛布から手を出し、家族を招いた。優しい象のような眼からは涙が流れていたが、あくまで微笑の表情である。（略）祖父は、父をはじめ、家族の一人一人に握手を求め、一人一人の顔をじっと見つめてはうなずいている。一番最後に、妻である祖母の手を握り別れを告げると、自ら両手で毛布を引き上げて顔をおおった。脈を測った医者が『ご臨終です』と頭を下げた」（同）

『仙台戊辰史』など十三冊の歴史書を著し、遺稿も多数あった非想藤原相之助は、みずからの面を毛布でおおうことによって家族たちに訣別の時が来たと伝えたのである。

みずから死が迫ったことを察知し、悟達してその死を受け入れた前例はないではない。

無刀流を創出した一代の剣豪であり、明治天皇の侍従にもなった山岡鉄舟は、明治二十一年（一八八八）七月十九日、胃ガンの痛みに堪えながら座禅を崩さず没、享年五十三。

新選組三番隊組長だった斎藤一《はじめ》こと藤田五郎は胃潰瘍を病み、大正四年（一九一五）九月二十八日、床の間に座ったまま絶息、享年七十二。

相之助の臨終の光景には、これらのケースに似た潔さが感じられる。

（「ＰＨＰほんとうの時代」二〇一二年十一月号）

Ⅳ　私の会津史

ＮＨＫ大河ドラマ「江」の問題点

もう三十年以上も昔のこと、私はＮＨＫの時代考証部門に勤務していたＡ氏と知り合い、左のように質問したことがあった。

「近頃の時代劇では、役が子持ちの人妻であっても女優たちが涅歯《でっし》点眉《てんび》をしなくなりましたね。このままだと、成熟した女性の色気というものの わからない日本人ばかりになってしまうのではないですか」

涅歯とは、歯を鉄漿《かね》で黒く染めること（お歯黒《はぐろ》）。点眉とは眉《まゆ》を落とし、額に墨で描眉《かきまゆ》をする習俗のことである。Ａ氏は答えた。

「そうですね。女優たちには他局の現代物のドラマへの出演を掛け持ちしているケースが多いので、眉を落としたり歯を染めたりするのを嫌がるんです」

この事情は最近のNHK大河ドラマでも一向に改善されず、平成二十三年(二〇一一)の十一月二十七日放映分で最終回を迎えた「江《ごう》」の主人公(徳川秀忠《ひでただ》正室)を演じた女優などは、三男五女を産んだ役柄であるにもかかわらず、一貫して白歯《しらは》で通していた。白歯とは「未婚の女性」(『江戸時代語辞典』)のことだというのに。

しかし、このような問題はどの時代劇にも共通する点だから、いちいち目くじらを立てるまでもないことなのかも知れない。話を「江」の最終回にしぼるならば、宮脇淳子氏が指摘した「史実的にはずいぶんいいかげん」であることの方がより罪は重いだろう（『韓流はウソだらけ――「歴史ドラマ見まくりの記」』、「歴史通」二〇一一年十一月号）。

私が右の最終回を観ていてもっとも啞然《あぜん》としたのは、保科幸松《こうまつ》少年（のちの保科正之）が江戸城に登城《とじょう》し、お江と秀忠に挨拶するばかりかその子竹千代《たけちよ》（のちの三代将軍家光）・国松（のちの駿河大納言徳川忠長）兄弟と仲良く双六《すごろく》をして遊ぶシーンがあったことだ。

こう書いただけでは右の人物たちの関係がわかりにくいと思うので、とりあえず秀忠の女性関係を略年譜風に示してみる。

文禄《ぶんろく》四年（一五九五）九月十七日、太閤秀吉の意向によって故浅井《あざい》長政の末娘お江（お江与《えよ》とも）を正室として娶《めと》る。

慶長《けいちょう》九年（一六〇四）七月十七日、お江が江戸城西の丸において竹千代を出産。

慶長十一年（一六〇六）、お江、国松を出産。

慶長十四年（一六〇九）、大奥に奥女中として奉公していた神尾《かんのお》静をお江には内分《ないぶん》のまま秘密の側室とする。晩秋、お静は懐妊するが、お江の勘気を恐れて大奥を下がり、兄の神尾嘉右衛門《かえもん》方で人工流産に踏み切る。

「覚えがある」

慶長十六年（一六一一）、秀忠の命令によって大奥にもどったお静はふたたび懐妊、お江を恐れて再度人工流産することを考えるが、弟の神尾才兵衛の大反対によって翻意。江戸城田安門内の比丘尼《びくに》屋敷に暮らしていた見性院《けんしょういん》（武田信玄の次女、故穴山梅雪《あなやまばいせつ》夫人）やその妹の信松院《しんしょういん》（信玄の五女）の庇護《ひご》の下《もと》、武州《ぶしゅう》足立（安達）郡大牧村の内にあった見性院の知行地《ちぎょうち》に身を匿《かく》し、臨月が迫ってから江戸白銀丁《しろがねちょう》の姉婿《むこ》竹村助兵衛《すけのひょうえ》方に移って、五月七日の夜亥《い》の刻（午後十時）に男子を出産。助兵衛はその夜のうちに町奉行米津《よねきづ》勘兵衛にこれを披露、勘兵衛は老中土井利勝に、利勝はただちに登城して入浴中の秀忠に報じたところ、

「覚えがある」

と答えた秀忠は手ずから葵の紋付の小袖を利勝にわたし、幸松と名づけよ、と言い添えた。

慶長十八年（一六一三）三月一日、土井利勝と本多正信が見性院を訪問し、幸松を養育してほしいとの秀忠の希望を伝達。見性院は承諾し、翌日にはお静・幸松母子を比丘尼屋敷へ引き取って、幸松の姓を武田と決定。

元和《げんな》三年（一六一七）十一月、見性院は七歳になった幸松を女手では育てられぬと見て、信州高遠《たかとお》二万五千石の藩主保科正光の養子とする。秀忠は幸松の養育料として、保科家に五千石を加増。

元和九年（一六二三）七月、保科幸松の異母兄家光、徳川三代将軍となり、秀忠は大御所と称する。

寛永《かんえい》三年（一六二六）九月十五日、お江没、享年五十四。

〝嘘も百遍〟で真実に

寛永六年（一六二九）九月、十九歳になった幸松は養父正光とともに駿府《すんぷ》城を訪問、異母兄の駿河大納言徳川忠長と初会見し、実の父秀忠と正式に親子として対面したいとの心情を吐露。忠長は協力を約束。

寛永八年（一六三一）十月七日、保科正光没。十一月、幸松、高遠藩主となり、元服して保科正之と名乗る。

寛永九年（一六三二）一月二十四日、秀忠没、享年五十四。お静は落飾《らくしょく》し、浄光院と称する。

やや詳しく眺めたのは、秀忠・お江夫妻はともに死ぬまで保科正之と会見したことはなかった、という事実を確認しておきたかったからである。徳川忠長は寛永六年九月に十九歳になった正之（当時はまだ幸松）と対面しているが、もうひとりの異母兄家光に至っては、正之という異母兄弟がいることすら知らずに将軍となったのだ。

これらの史実を念頭に置いて「江」最終回を振り返ると、つぎのような欠陥が指摘できよう。

一、七歳にして保科姓となった幸松は高遠城で育てられていて、単身、江戸城へ秀忠・お江夫妻に会いにゆくことなど考えられない。
二、まして竹千代・国松兄弟と一緒に遊ぶことなどあり得ない。しかるになぜお江・秀忠夫妻が幸松と会う場面が設定されたかといえば、お江を自分という正室以外の女性に子を産ませた夫とその子をも許す度量のひろい女性として描きたかったためであろう。嘘も百遍つくと真実と思う人が出てくる、という表現がある。この脚本家は嘘を百遍ついて恥じないタイプで、史実を尊重した脚本を書かねば、などとは思ったこともないようだ。

しかし、そもそもお江の人物造形自体が誤りなのだ。というのもお江の実像は、そんな鷹揚《おうよう》なものではなかったからだ。

ホントのお江は恐い女

秀忠の子を懐妊したお静が宿下がりして人工流産に踏み切ったことについては前述したが、会津藩士大河原臣教《おみのり》の書いた『千載之松《ちとせのまつ》』という史料によると、それは神尾一族の会議の結論に従ってのことであり、その結論はつぎのような問題点から導き出された。

「若《も》し懐胎など云ふ事御台所《みだいどころ》（崇源院《すうげんいん》殿の事＝原注、崇源院とはお江の戒名＝筆者注）へ洩《も》れ聞《きこ》へなば、一家一門如何《いか》なるうきめに逢はんも計り難し」

要するにお江は、夫が自分以外の女に手をつけたと知れば、その女性の「一家一門」に対して刺客を放ち、殺戮《さつりく》することも辞さない恐い存在と認識されていたわけである。それが神尾家の単なる思いこみなどではなかったことは、お静が見性院の知行所に身を潜めていた間に中山道《なかせんどう》大宮宿の氷川神社に参拝し、二度目に懐妊した子の安産を祈願した文章の一節から充分に察せられる。

「ここにそれがし卑しき身として大守（将軍）の御思ひ者となり、御胤《おたね》を宿して、当四、五月の頃臨月たり。しかれども御台嫉妬《みだいしっと》の御心深く、営中（江戸城）に居る事を得ず」（『千載之松』）

という表現から、お静自身もお江から命を狙われていることを自覚していたように感じられるのだ。

お静はその恐怖と戦いながら幸松を産んだわけだが、お江は幸松が誕生するや、ターゲットをお静から幸松に切り換えたフシさえある。

慶長十八年（一六一三）、幸松三歳の春のこと。お江は江戸の町人たちに対して左のように布令した。

「将軍の御胤懐胎の者は申出《もうしいず》べし、夫々取立《それぞれとりたて》らるべき旨」（同）

これを真に受けてお静・幸松母子が名乗り出たりしたら、どうなっていたかわからない。

この母子が見性院の比丘尼屋敷に身を寄せたと知ると、お江は自分づきの奥女中を使者に立て、

「近頃、要《い》らざる預り人を受け入れたとやら」(同)

と厭味《いやみ》なことをいわせた。それに対する見性院の答えは、さすが信玄の娘といいたくなるほどみごとなものであった。

「いかにも左様なり、去《さり》ながら預りたる訳にてはなく、我等《われら》(の)子供にせよとの事にてふつともらひ切《きっ》たるなり(略)、一度見性院が子になりたる人の事なれば、はなさん事はおもひも寄らざる旨」(同)

お江の殺意を感じつつ

その後も幸松は、観能に出かけると怪しい者たちに取り囲まれ、通りかかった牢人に助けられるなど、お江の殺意を肌に感じながら育っていった。だからお静は幸松が高遠《たかとお》藩主保科正光のもとへ養子入りして初めてほっとすることができた、と考えるべきであり、その幸松がのこのこと江戸城に出かけていったなら、とても生きて還《かえ》ることはできなかったに違いない。

そのような歴史の深層に思いを致すこともなく、ただの思いつきで脚本を書くから妙な場面ばかりが続くことになってしまうのだ。ほかにも「江」の最終回では、私はつぎの諸点に引っ掛かるものを感じた。

①秀忠とお江が仲良く馬の遠乗りを楽しむシーン。

将軍夫妻が供侍も馬の口取りも従えずに人気《ひとけ》のない郊外に出かけ、もしも大坂豊臣家の残党などに襲われたらどうするのか。武士は決してひとりでは出歩かない。

②お江が家光の乳母お福（のちの春日局《かすがのつぼね》）に大奥改革を依頼するシ

ーン。

お静が大奥を退去して以降、その大奥に秀忠の側室はひとりもおらず、奥女中たちも少数だったはずだから大奥改革など必要がない。それが必要となるのは、家光が三代将軍となり、正室のほかにお振《ふり》の方、お楽の方、お夏の方、お玉の方、お万の方、お里佐の方、お琴の方などの愛妾を貯えて大奥が急激に膨張してからの話である。
③家光と忠長の兄弟が、幼時から成人するまで仲が良かったように描かれているのも奇怪。
秀忠・お江夫妻は忠長ばかりを可愛がったため、家臣団も次の将軍は忠長と思いこんでいた。それが一転して家光が三代将軍と決まったのは家康の鶴の一声によってであり、家光は幼時から気の合わなかっ

た忠長を切腹に追いこんでいる。

④東福門院和子《まさこ》の呼び方について。

秀忠・お江夫妻の五女松姫は、元和六年（一六二〇）六月、後水尾《ごみずのお》天皇の女御《にょうご》として入内《じゅだい》、興子《おきこ》内親王（のちの明正《めいしょう》天皇）を産み、中宮に昇った。院号を受けて東福門院和子となるのはそのさらに後のことなのに、お江が嫁入り前の松姫に「和子」と呼びかけるシーンがあるのはナンセンス。「お松」あるいは「そなた」「そもじ」とすべきであった。

「江」の最終回を観ていて私が感心したのはただひとつ、馬の乗り方であった。

日本の武士以外が乗馬する場合、乗り手はまず馬体左側面に立って馬首に背を向け、鐙《あぶみ》に左足を掛けてからだを浮かせてから空中で半回転して鞍《くら》にまたがる。対して日本の武士はこれとは逆に馬体右側面に立ち、右足を鐙に掛けてから鞍にまたがる。左側面から乗ろうとすると左の腰にある太刀あるいは大刀の柄頭《つかがしら》が馬腹を突いてしまい、馬が驚いて暴走する危険がある。そのため、右側面からの乗馬が一般化したわけだが、お江役の女優もちゃんと右側から馬に乗っていたので、私はここだけはほっとした。

そういえば「天地人」における直江兼続《かねつぐ》役の俳優も右側面から乗馬していたから、NHKの大河ドラマ製作グループには時代考証に通じた乗馬コーチがついているのだろう。それにしても、こんなことしか評価できる点がないというのもなにやら物哀しいことではあるけれど。

（「歴史通」二〇一二年一月号）

前田綱紀に帝王学を教えた会津の名君　保科正之

サラリーマンとして生きた現代の日本人は、定年によって退職してから年金生活に入り、余生を送るのが普通である。その意味で定年退職は、引退ということばに置き換えることもできる。

ひるがえって江戸時代の大名たちを見てゆくと、人生五十年の時代とはいえ、妙に若くして隠居した者がいたことに気づく。たとえば、出雲松江藩十八万六千石の六代松平宗衍《むねのぶ》は三十九歳の若さで隠居。残された十数年の余生は、あまり上品とはいえない趣味の世界に生きた。

いや、より正しくいえば、松平宗衍の「あまり上品とはいえない趣味」は藩主在任中からのものであり、かれは出席者が素っ裸になる茶会を催したことがある。また、赤坂門外にあった江戸上屋敷の一室には絵師狩野梅笑《かのうばいしょう》に命じて天井から襖《ふすま》にまで妖怪変化を描かせ、「化物《ばけもの》の間」と称して夏の夜はこの部屋で過ごした。「お側《そば》に勤める若い侍女等《ら》は、蠟燭火《ろうそくび》で恐ろしい画面を眺めさせられて、恋風《こいかぜ》とは違った襟元の感じ、ゾクゾクする妙な涼味《りょうみ》」を夜ごと味わう羽目になったという（「涼しがるお大名」、『三田村鳶魚《えんぎょ》全集』第二巻）。

これだけでこの人物が奇人変人の類《たぐい》であったことは知れようが、宗衍はかなり非常識な人物でもあった。捕縛した一揆の首謀者を白洲《しらす》に寝かせ、唐辛子をよく溶いた水を三升（約五・四リットル）飲ませたこともある。そんな愚かしいことばかりしているから、かれは三十九歳で無理矢理、隠居させられてしまったのだ。

というのに隠居名を「南海」と称したこの人物は、もっと変なことをやらかした。肌の肌理《きめ》こまかな美女のみを侍女として採用した南海は、侍女たちの背中一面に種々の花々を文身《いれずみ》させ、夏になるとこれらの女性には一重帷子《ひとえかたびら》を着せることにしたのである。

一重の帷子は肌が透《す》けて見えるから、その主人である南海は当然これらの文身をも観賞することができるというわけだ。

しかし、いかに美しい文身美女とはいえ年を取るにつれてその文身には小皺《こじわ》が寄ってくる。困った南海翁はこれらの侍女たちを家臣たちに拝領妻《はいりょうづま》として与えようとしたが、だれも辞退してしまう。では侍女ひとりにつき千両をつける、と条件をつけても乗り気になる者はまったくおらず、結果はつぎのような次第となった。

「何としても始末が付かずに、終身扶持《ぶち》を与えた文身美女が隠居の御遺物（遺品）となって、松江の藩邸に久しくあったそうだ」（同）

隠居生活を中止した前田利常

加賀百万石の前田家の当主に、こんな奇人変人はあらわれなかった。それはそれでめでたい限りだが、南海翁とはまったく逆に、すでに隠居した身であったにもかかわらず、つぎの藩主が急死してしまったためふたたび藩政を指導せざるを得ない、という状況に立たされた人物ならいた。

その人物とは、前田利家、利長につづいて三代当主となった利家の四男利常《としつね》である。利常が異母兄の利長から加賀前田家の家督を相続したのは、慶長十年（一六〇五）六月に利長が引退したのを受けてのこと。時に十三歳だった利常は以来三十四年間藩主の座にありつづけ、徳川将軍が三代家光《いえみつ》となっていた寛永十六年（一六三九）六月二十日、四十七歳にして致仕《ちし》（引退）した。

その際、利常は長男光高《みつたか》に家督をゆずると同時に次男利次《としつぐ》には富山藩、三男利治《としはる》には大聖寺《だいしょうじ》藩を立藩させることに決定。みずからは金沢城から小松城へ引き移って小松を養老領とすることにしたので、一口に加賀百万石といっても実際には百二十万石あったその封土《ほうど》は、左の四者にわかれることになった。
加賀藩　八十三万石
小松領　二十万石
富山藩　十万石
大聖寺藩　七万石
だが、光高はそれから六年後の正保二年（一六四五）四月五日、三十一歳の若さで江戸上屋敷で急死してしまった。光高は急性心筋梗塞《こうそく》の発作を起こして「頓死《とんし》」（『加賀藩史料』第参編、同日の項）したのだ。
しかし、光高から加賀藩八十三万石を相続すべきその長男綱紀《つなのり》は、まだわずか三歳。そこでやむなく利常は隠居生活を中止、綱紀の後見人として復帰し、加賀藩と小松領とを合わせて百三万石となった大藩の藩政を指導せざるを得なくなった。

会津藩主保科正之への頼みごと

そしてこの時、利常がもっとも不安に思ったのは、自分がもう五十三歳になっていて、いつまで綱紀の後見人を務められるかわからない、という一点だったに違いない。しかも加賀前田家は利長・利常の二代にわたって幕府から謀反《むほん》を疑われたことがあった。

二度あることは、三度あるという。幼君綱紀にあらぬ嫌疑をかけられたなら、今度こそ加賀百三万石は改易《かいえき》されてしまうかも知れない。

そう考えて利常は、自分より若く、かつ公明正大な人柄の人物に綱紀の後見を託したい、という気分に傾いていた。

この時、利常の念頭にあった人物は、会津藩二十三万石の初代藩主で肥後守《ひごのかみ》の受領名《ずりようめい》を持つ保科正之であった。綱紀の伝記として知られる近藤磐雄《いわお》『加賀松雲公《しよううんこう》』上巻は「御直言覚書《ごじきげんおぼえがき》」という史料を引用し、利常やその側近の今枝民部（近義《ちかよし》）、品川左門らが保科正之を頼みの綱とするに至ったのは、

「加賀守《かがのかみ》（綱紀）後見と申候得《もうしそうらえ》ば肥後守殿程宜方《ほどよろしきかた》は無之候《これなくそうろう》」


という見解で一致したからだ、としている。

これは万治元年（一六五八）のことだが、なぜ加賀前田家の家中《かちゆう》で保科正之がかくも高く評価されていたのかといえば、その根拠は複数示すことができる。

一、慶安四年（一六五一）四月、将軍家光は臨終に際して異母弟の保科正之を枕頭《ちんとう》に呼び、十一歳にして四代将軍となる長男家綱の輔弼役《ほひつやく》たれ、との遺命を下した。それから八年間、正之はおのれを空《むな》しくして家綱に善政をおこなうよう指導しつづけたので、正之の名は「半天下の勢《いきおい》」（大河原臣教『千載之松《ちとせのまつ》』）、すなわち「なかば天下人のような勢い」を有する実力者として諸大名のうちに知れわたるに至っていたこと。

二、その家綱が正之を敬愛するあまり、万治元年六月三日、正之の四女松姫十歳を、十六歳になった綱紀に嫁がせよ、との台命《たいめい》を下したこと。

三、加賀前田家としては徳川家の御親藩であり、将軍ばかりか老中たちをも指導する立場にある正之と通婚することはきわめて名誉なことであり、家の存続を図るためにも役立つと思われたこと。そこで利常はこの台命を拝したことを即日家中に触れ出し、「大慶」と表現してみせた（『加賀藩史料』第参編）。

徳川家との婚姻関係が〝復活〟

利常が会津保科家との通婚を大いに喜んだ理由をより深く考えるには、加賀前田家歴代当主の正室の出自を頭に入れておきたい。

藩祖利家の正室お松の方は、織田信長の家臣篠原《しのはら》家の出身。二代目利長の正室お永《えい》の方は信長の四女であり、これ以前に加賀前田家は徳川家と婚姻関係で結ばれたことはなかった。それも理由のひとつとなって利長は家康から謀反《むほん》の疑いを掛けられ、お松の方はその嫌疑を晴らすため江戸へ出向いて自らを徳川家へ差し出された証人（人質）とせざるを得なかったのである。

対して三代利常が正室に迎えた女性は、徳川二代将軍秀忠の次女お珠《たま》の方。四代光高の正室大姫《おおひめ》は水戸藩主徳川頼房《よりふさ》の娘ではあるが、三代将軍家光の養女となってから前田家に嫁いできた。

要するに加賀前田家は利常・光高父子がともに徳川将軍家から正室を迎えたことにより、最大の外様《とざま》大名として何かといえば謀反を疑われるような事態を回避することに成功し、加越能（加賀、越中、能登）の三カ国を支配する名族として、ようやく安定期に差しかかったのである。

しかし、お珠の方は二十四歳の若さで元和八年（一六二二）七月三日に没。大姫も夫君光高の急死から十一年後の明暦二年（一六五六）九月二十三日、三十歳にして病死してしまい、ここに加賀前田家の安定のための縁《よすが》となる徳川将軍家との婚姻関係は雲散霧消《うんさんむしよう》してしまった。だからこそ利常は、保科松姫を綱紀に嫁がせよ、との台命を徳川家との婚姻関係の復活によく似た事態と受け止めて喜んだのだ。

将軍家綱は前田・保科両家が台命に従ったことに大満足したのだろう。明暦四年（一六五八）七月三日には正之に対し、婚礼費用として金一万両を与えさえした。この婚礼は同月二十日に無事におこなわれ、同時に松姫はお摩須《ます》の方と名を改めた。松と称していると藩祖利家の正室と同名となってしまい、畏《おそ》れ多いという感覚からの改名である。

前田綱紀の後見人に定められる

さて、このころの加賀前田家は大変物入りな状況に置かれていた。

その前段は一年前の明暦三年（一六五七）一月十八日、江戸はじまって以来の大災害となった「明暦の大火」の発生により、江戸城天守閣が焼失してしまったことにある。江戸でもっとも背の高い建物であったこの天守閣は徳川政権のシンボルとみなされてきたので、大火発生から八カ月をすぎたころから幕府内部には、天守閣およびその台座である天守台《てんしゅだい》を再建しよう、という空気が生まれた。

それを受けて幕府は、明暦三年九月二十七日、綱紀に天守台の再建を命令。あけて明暦四年三月十四日、綱紀は国許《くにもと》から人夫五千人を江戸へ呼んで再建工事に取りかかった。

この工事に利常・綱紀がどれほどの出費を強《し》いられたかは、想像もつかない。しかし、老いたる利常もこの工事の監督と綱紀の婚礼のために小松城から出府。正之に挨拶した際には、つぎのように述べた。

「今は思い置くこともござりませぬ。加賀守綱紀のことは貴公にお任せいたしますので、お考えのことは万事今枝民部にお伝え下さりますよう」（『加賀藩史料』第参編より意訳）

この年四十八歳だった正之は、こう答えた。

「御天守台の御普請《ふしん》のため長々江戸に御滞在なされ、御苦労さまでござる。加賀守殿のことは御心易《おこころやす》く思《おぼ》し召《め》されて、気をつけて御帰国なされませ」（同）

利常が小松城めざして江戸を去ったのは九月上旬のことだから、これはその直前のやりとりだったと思われる。

その後も綱紀は江戸城天守台の再建工事を続行し、九月末日にはこれを完了することができた。するとほぼ一カ月後の十月二十三日、将軍家綱は保科正之を呼んであることを命じた。

このことは会津藩正史『家世実紀《かせいじつき》』の第一巻、通史『会津松平家譜』などにはなぜか記述がないが、『加賀藩史料』第参編はさすがによく出来ていて、「梅花無尽蔵《ばいかむじんぞう》」という古史料を引用してつぎのように書いている。

「十月廿三日将軍家より保科正之君をして松雲公《しょううんこう》(綱紀)の御後見被仰付《おおせつけらる》」

前述のように老いたる利常は、正之に対しては「加賀守綱紀のことは貴公にお任せいたします」と語り、正之は「御心易く思し召されて」云々《うんぬん》という表現でこの希望を受け入れると約束していた。おそらく正之が利常との間でこのようなやりとりがあったことを家綱に報じたため、心優しい人であった家綱は正之が綱紀をより後見しやすいよう、幕府として正之が綱紀の後見人となることを命じる、という形に持っていったのである。

国許重臣たちを厳しく戒める

在府の綱紀は、国許重臣たちに「加賀守様御意之覚《ぎょいのおぼえ》」と題する文面を送ってこれを通達。正之も「肥後守様御意之覚」を送り、まだ若い綱紀を軽んじがちな国許重臣たちを厳しく戒めた。

やはり『加賀藩史料』第参編に収録されていることの記録を、かつて私は北國新聞・富山新聞に連載した長編小説『われに千里の思いあり』の中で現代語に訳して紹介したことがある。同作は目下、全三巻となって文春文庫に収録されているので、その下巻から拙訳を引いてみよう。

「いまだごぞんじなき者が多いと思われるが、このほどそれがしが加賀守さまの後見をつとめることになった。加賀守さまにおいては、家中の者たちが諸事作法よきようになされたいと思し召されている。これは組頭《くみがしら》たちの心得次第でいかようにでもなることであるから、さよう心得よ。お国許の仕置《しお》きは前田対馬《つしま》（孝貞《たかさだ》）、奥村因幡《いなば》、津田玄《げん》蕃《ば》がすべてとりおこなうので、了承するように。対馬と因幡はまだ若く、組頭たちとしては思惑違《おもわく》いのことがあるかも知れない。しかし、悪《あ》しき点も良いように取りなし、良い点に目をつけることが肝要《かんよう》である。それも加賀守さまのおためであり、もしも国家老たちの命令に不服の者があった時は、加賀守さまいまだお年若《としわか》なれば、それがしからきっと申しつける、そのつもりでいるように」

この引用につづいて、私の書いた地の文にも目をお通し願いたい。

「『きっと申しつける』という表現は、もし違反した者があったら厳罰に処する、という意味で使われる。正之はこの文書により、綱利（綱紀のこのころの諱《いみな》）の単なる形式上の後見人でなく、もし不心得者があらわれた場合は綱利に替わって自分が裁く、と宣言したのだ。

加賀藩国許詰めの組頭以上の者たちが正之の意思をどう受け止めたかは、この文書が『肥後守さま御意』と敬意をもって名づけられた事実が端的に示している。将軍輔弼役であり、綱利の岳父《がくふ》でもある正之の不意の登場に一同は驚き、同時にその手腕に期待しはじめたのである」

これは一方から眺めれば、会津藩の藩主が加賀藩の藩政を指導するという稀有《けう》な状況が立ちあらわれた、と要約することもできる。

ではつづいて、正之の指導が綱紀の藩政にどのように反映されたかを見てゆこう。

天守閣再建の延期を主張

万治元年（一六五八）十月十二日、小松城では利常が没した。享年六十六であった。

あけて万治二年（一六五九）秋までに、江戸城本丸その他、「明暦の大火」で焼失した殿舎《でんしゃ》はすべて再建された。というのに天守閣だけは再建されることがなく、綱紀が完成させた天守台は上部構造のない姿を皇居内に保ちつづけて今日に至っている。

なぜ江戸城天守閣が再建されなかったかという問題については、正之が再建延期を主張して家綱に認められたためだ、と考えるのが正しい。

「公《こう》（正之）の議に天守は近代織田右府《うふ》（信長）以来の事にて、さのみ城の要害に利あるといふにも非《あ》らずたゞ遠く観望いたす迄《まで》の事なり、方今《ほうこん》武家町家大小の輩《やから》、家作《かさく》を為すの場合、公儀の作事永引《ながびく》ときは下々《しもじも》の障《さわり》にもあるべし。且箇様《かつかよう》の儀に国財を費すべき時節に非《あら》ざるべし。当分御延引可然《ごえんいんしかるべし》とて天守の作事は沙汰止《さたやみ》になりしとぞ」(『千載之松』、小著『保科正之―徳川将軍家を支えた会津藩主』中公新書・中公文庫)

一見しただけでは、正之のこの決断と加賀藩とは何の関係もないかに見える。しかし、そのように考えては、事の本質に迫れない。

考えてもみよう。時の幕府は加賀藩に天守台の再建を命じたのだから、その上にいずれ五層五階の天守閣を再造営する、というのが前々からの予定であった。そして、いよいよその再造営時期が決定されたなら、これも加賀藩の担当とされる可能性が高かった。

そうなった場合、綱紀は天守台の工事につづいて莫大な出費を余儀なくされ、加賀藩が財政的に立ちゆかなくなる危険もあり得た。すなわち正之の主張した天守閣の再建延期論は、マクロな視点から見ると江戸という都市全体の再構築に国費を優先的に振り向けるための政策であったが、正之と綱紀の関係というミクロな視点からすると、正之が利常に綱紀のことを託された後見人として加賀藩を窮状《きゅうじょう》から救うための立論であった、ともいえるのである。

むろんこれは、正之が政治の世界に私心を持ちこんだという意味ではない。

二代将軍秀忠、三代家光の時代には大名取りつぶし政策が断行されすぎたため、断絶となった大名家を離れて牢人した者たちが全国で浮浪化して大きな社会不安の種となった。対して四代家綱政権は幕府と諸藩とが平和的に共存できる体制作りに腐心し、特に正之は上総《かずさ》飯野藩、磐城平《いわきたいら》藩、やはり磐城の窪田《くぼた》藩、出羽米沢藩、奥州の南部藩、仙台藩などに種々の救いの手を差しのべた（小著『慈悲の名君　保科正之』角川選書の「第五章　諸藩の救済と指導」参照）。正之は無私の人として幕閣たちからも尊敬されていたから、天守閣再建延期の主張を綱紀を助けたいという私情に発する行為とみなす者などはいっさいあらわれなかった。

「白山争論」の一件をみごとに解決

さらに正之が綱紀を助けた行動としては「白山争論一件」の解決が

挙げられる。

「白山争論一件」とは、山岳霊場《さんがくれいじょう》として知られた白山の山麓の十八カ村をふたつに割った厄介な悶着沙汰《もんちゃくさた》である。十八カ村のうち北西部の尾添《おぞう》村と荒谷《あらたに》村は加賀藩領である加賀国能美郡に属し、その他の十六カ村は天領《てんりょう》（幕府領）ではあるものの越前福井藩に預けられていた。立場を異《こと》にするこの二カ村と十六カ村が明暦元年（一六五五）六月から白山は加賀のものだ、いや越前のものだと争って血を見る寸前までゆき、それが加賀前田家と越前松平家の争論にまで発展してしまっていた。

利常もついに解決できなかったこの一件は綱紀の代に持ちこされ、その後見人である正之が手腕を試される形になったのだ。

しかし、現代の竹島問題などからも察せられるように、このような争論は加賀側の村に理《ことわり》ありとすれば、福井側の村が怒り、裁定がこの逆になった場合には加賀側に不満が募って将来に遺恨を残し兼ねない、という難しさがある。

寛文六年（一六六六）、二十四歳になった綱紀と正之が相談の上で導き出した結論は、

「紛議一帯の地域を挙げて幕府領となし。以《もっ》て越前（福井藩）との争源を絶たんとす」（『加賀松雲公』上巻）

というものだった。福井藩預かりの十六カ村は基本的に天領なのだから、幕府に返還させればよい。ついでに加賀藩が二カ村を幕府に返上してしまえば、白山がどちらの藩領に属するか、などといった議論

は自動的に消滅してしまう、というまことにユニークな発想である。

この発想は正之から老中たちへ伝えられ、家綱も裁可したことからこの通りに発令された。時に寛文八年（一六六八）八月十日のこと。加賀藩が足掛け十二年間解決できなかった一件を、三年足らずのうちに処理してしまったところに正之の存在感がうかがえる。

ちなみに幕府は綱紀に対し、返還した尾添・荒谷両村百七十一石余の土地の代わりに近江国海津郡《かいづ》のうちからこの石高に匹敵《ひってき》する別領を与えた。私は、このように配慮したのも正之であろうと考える。

二人の藩政に見える共通点

正之と綱紀は、単なる岳父と娘婿の関係ではなかった。後見人とその指導を受ける者といった単純な上下関係でもなく、強いていうなら無私の精神によって帝王学を授けてくれる師と、その教えをひたむきに受け止める一番弟子そのものだった。

だから綱紀は、正之が会津藩主としてすでにおこなっている政治を加賀藩においても実践することに努め、次第に名君へと育っていった。これまた『われに千里の思いあり』下巻、『慈悲の名君　保科正之』などで触れたことだが、正之の藩政と綱紀のそれにはつぎのような諸点で共通性を指摘することができる。

［縁座刑《えんざけい》の軽減］

会津藩では、父が磔刑《たっけい》（はりつけの刑）に値する罪を犯したなら子は斬《ざん》に処されるものの、父が斬罪ならその子は死刑にしなかった。加賀藩では上記いずれの場合も子も斬首されることになっていたが、万治二年（一六五九）三月以降は会津藩とほぼおなじ方針が採用された。
［城下町の堅牢《けんろう》性よりも市民の利便を優先し難所に架橋］
正之は「明暦の大火」の際、それまで敵の侵入を恐れて隅田川に橋が架けられていなかったことから、この川に入って溺死した者が少なくなかったことに注目。武蔵国の江戸、対岸の下総《しもうさ》国を結ぶ両国橋を架けさせ、人と物資の流通に役立てた。
綱紀も加賀藩領最大の難所と知られた黒部川（現・富山県黒部市宇奈月町）に愛本《あいもと》橋を架けて旅人に喜ばれた。これらふたつの事業に共通するのは、武断派的感覚で城下町の堅牢性のみを重視するのではなく、大都市の為政者として住民たちの住みやすさを優先して考える、という人道主義的な発想法である。

［老養扶持《ぶち》支給制度の導入］

正之は寛文三年（一六六三）七月二十五日、九十歳に達した者には身分、男女の別なく終生一人《いちにん》扶持の米を与えつづける、と布令した。世界史でも珍しい掛金無料の国民年金制度が、十七世紀の日本でスタートを切ったのだ。なお一人扶持とは、玄米にして一日五合、年に一石八斗のこと（女は一日三合、年に一石八升）。

綱紀はそれから七年後の寛文十年八月三日、やはり加賀藩の民のうち九十歳以上の男女に一人扶持を支給することに決定している。あきらかに会津の名君が、加賀の名君を育てつつ善政をおこなわせたのである。

ほかにも正之が会津藩のうちに開版方《かいはんかた》と呼ばれる出版局を設け、「会津五部書」と総称される五冊の書物を発行したこと、綱紀が群書の収集と校訂に全精力を傾注し、「加賀は天下の書府なり」（『藩翰譜《はんかんふ》』）と新井白石を羨《うらや》ましがらせたことなど、このふたりには文化的体質において共通する面が少なくなかった。

正之が家綱政権に求めたのは、これまでの武断政治を排し、朱子学の教えに基づいた文治主義の政治をおこなうことであった。たしかに正之たちの善政は江戸時代に平和と安定をもたらしたので、これは古代ローマ帝国の全盛時代が「ローマの平和《パックス・ロマーナ》」と呼ばれるのに対し、「徳川の平和《パックス・トクガワーナ》」と名付けられた。

であるならば、綱紀が実現させた加賀藩の安定期は「金沢の平和《パックス・カナザワーナ》」と呼ぶべきだ、と私は『われに千里の思いあり』下巻に書いておいたものだったが、石川県のみなさんはいかがお感じだろうか。

いずれにしても綱紀は正之を尊敬して止《や》まず、かれが寛文十二年(一六七二)に六十二歳で目を閉ざす直前には、一日に二回も見舞いに行ってなおも教えを乞《こ》うたものだった。

幕末まで続いた婚姻関係

実の父子のようでもあり、師と一番弟子でもあったふたりの関係によって、加賀前田家と会津保科家はさらに何度もの婚姻関係で結ばれた。

寛文六年（一六六六）三月十三日、前田利常の九女熊《くま》姫、正之の四男正経《まさつね》（のちの会津藩二代当主）に嫁ぎ、お久万《くま》の方と改称。

延享元年（一七四四）四月二十二日、会津藩三代当主正容《まさかた》（正之の六男、松平と改姓）の四女常《つね》姫、加賀藩七代当主前田宗辰《むねとき》に嫁ぐ。

天明三年（一七八三）十二月十五日、おなじく十代当主前田重教《しげみち》の次女頴《えい》姫、会津藩五代当主松平容頌《かたのぶ》の養子容詮《かたさと》に嫁ぐ。

文政十一年（一八二八）二月、おなじく十二代前田斉広《なりなが》の次女厚《あつ》姫、会津藩八代当主松平容敬《かたたか》に嫁ぐ。

文久二年（一八六二）、おなじく十四代当主前田慶寧《よしやす》の長女禮《みち》姫、会津藩九代当主松平容保《かたもり》と婚約。

こう眺めてくると加賀前田・会津保科（のち松平）の両家が互いの

家系を重んじつつ、婚姻関係が長くつづいてゆくよう願っていたことが見て取れる。

なお、松平容保について付記すると、安政三年（一八五六）九月、二十二歳にして敏姫《としひめ》を正室に迎えたものの、この女性は天然痘《てんねんとう》によって美貌《びぼう》が損なわれたことから鬱病《うつびょう》のような症状を呈し、文久元年（一八六一）十月二十二日にわずか十九歳で死んでいった。だから禮姫は容保の後添《のちぞ》えに指名されたのである。

しかし、文久二年八月に容保は幕府から新設の京都守護職に任じられ、十二月に藩兵一千人を率いて上京していった。以後、容保は足掛け七年、京に滞在し、慶応四年（一八六八）一月三日からの鳥羽・伏見の戦いに敗北した結果、朝廷から賊徒首魁《ぞくとしゅかい》と名指されてしまう。

平成二十五年（二〇一三）のＮＨＫ大河ドラマ「八重の桜」は同年八月に始まった会津戊辰《ぼしん》戦争に奮戦した会津女性をめぐる物語である。禮姫は状況の激変によって容保に嫁ぐことなく終わったが、果たしてどのような思いで会津藩を襲った悲劇を眺めていたのだろうか。

（「北國文華」二〇一三年春号）

山本八重　鮮やかな人生

優しくたおやかな女性を意味する「たおやめ」「たわやめ」ということばに「手弱女」の漢字を当てるのは、女は男より力が弱いからだろう。しかし、これまで日本人として生まれた女性のすべてが原義通りの「手弱女」だったわけではない。

たとえば安永五年（一七七六）、江戸で興行した「女力持太夫《ちからもちだゆう》」柳川ともよは、五斗俵五俵を載せた大八車を頭上へ差し上げてみせた。何寸盤だったのか記録のないのは残念だが、とにかく碁盤を片手に引っつかんで団扇《うちわ》のように打ち振り、百目蠟燭の火を消すこともできた。

文化六年（一八〇九）、やはり江戸で興行した淀滝《よどたき》という女力持太夫は、美女ではあるが身長五尺八寸五分（約一七七・三センチ）、手形は長さ七寸二分（約二一・八センチ）、幅五寸（約一五・二センチ）という大女。釣鐘を頭上に掲げたり、五斗俵に結びつけた毛筆で上手に字を書いたりする芸を見せた（古河三樹『図説 庶民芸能―江戸の見世物』）。

平成二十五年（二〇一三）のNHK大河ドラマ「八重の桜」の主人公山本八重（のち新島姓、一八四五―一九三二）は会津藩士山本権八《ごんぱち》義高《よしたか》の娘だから、右のような太夫たちと同一視しては叱られてしまいそうだ。だが、八重も怪力の持ち主だったことはあきらかで、自身もつぎのような回想を残している。

「妾《わたし》は子供の時から男子の真似が好きで、十三歳の時に米四斗俵を自由に四回まで肩に上げ下げをしました。又石抛《いしな》げなどは男並にやって居ましたから今の世なら運動選手などには自ら望んで出たかも知れません」（平石弁蔵『会津戊辰戦争』増補版）

八重の肖像写真は多数残されているが、いずれを見てもよく肥えていてほとんど猪首《いくび》、臼のようにどっしりとした腰つきをしていて顔が大きいので、身長に関する記録はないもののずんぐりした印象を与える。その八重の成長過程について、会津史学会の井上昌威氏は長兄覚馬の日常も視野に入れてつぎのようにいう。

「覚馬は父の跡を継ぎ、日新館の砲術指南役をしていたが朝風呂が好きで、よく八重や三郎（弟・筆者注）を引連れて夜明け前から持ち山の慶山《けいざん》（現・会津若松市の東山の一郭・同）に薪木拾いに行き、往復一里の道を重い薪木を背負って家まで運んで来たという。この重労働の鍛錬や男児に負けない石投げの鍛錬で、八重は女ながらも力持ちになったという」（「会津の女丈夫《ジャンヌ・ダルク》ともいわれた、山本八重・伝『新島八重子刀自懐古談』」、「歴史春秋」第七十五号）

薙刀では戦争は出来ない

しかし、女ながらに怪力の持ち主、というだけでは八重の名が会津史、いや戊辰戦史に刻まれるわけもなかった。八重の名が会津藩松平家の家中《かちゆう》に知れわたったのは、慶応四年（一八六八）八月二十三日早朝、のちの明治新政府軍が会津盆地に突入した時点で男装して鶴ヶ城へ駆けこみ、七連発のスペンサー銃で応戦するかと思えば四斤山砲《しきんさんぽう》も操り、落城の危機を救ったことによる。

それにしてもなぜ八重が鉄砲を自在に扱えたのか、という点についてては八重最晩年（八十八歳）の回想を引こう。ちなみに八重は、この回想の中では鉄砲術を「砲術」と表現している。

「私が砲術が好きでございましたのは、家（兄・原注）が砲術の師範でございましたから、見慣れ聞き慣れして門前の小僧習わぬ経を詠《よ》む喩《たと》えの通りで、大砲の方は見て扱っていて、習わなくとも存じて居ったのでございます。私も薙刀《なぎなた》や小太刀は一通り習いましたが、これからの戦《いくさ》は鉄砲・大砲の時代だと思って居りましたので、薙刀では戦争は出来ないと思っていました」

八重の母佐久は、種痘など効果はないといわれていた時代にあって子供たちに率先して種痘を受けさせ、近所の人にもすすめた開明的な女性だった。その血を享《う》けてか兄の覚馬も先見性にあふれた人物で、嘉永六年（一八五三）には六月のペリー来航に刺激されて出府。佐久間象山ほかについて蘭学と西洋式砲術を学び、安政三年（一八五六）に帰藩すると藩校日新館のうちに新設された蘭学所の教授に指名された。

その父権八義高も砲術師範だったから、「門前の小僧」八重は少女のころから和銃（火縄銃）の火縄、鉛を丸めた弾丸、火皿に載せる口薬（発火薬）、銃身にこめる火薬（推進火薬）などの製造、調合に慣れ親しんだものと思われる。

対して西洋式砲術にあってはオランダから輸入された燧石式《ひうちいし》、着剣可能なゲベール銃を使用するため、雨中の戦いや接近戦における戦闘能力の向上が確実となり、火縄の火を敵に気づかれてしまう危険も消えた。さらに覚馬は安政三年のうちに軍事取調《とりしらべ》兼大砲頭取に任じられ、藩兵たちに新式の台車つき四斤山砲の発射法を講じることになった。八重の回想にある「大砲の方は見て扱っていて、習わなくとも存じて居ったのでございます」ということばの意味は、見様見真似で扱い方を身につけた、ということだ。

ただし、八重がいずれ女狙撃手兼女砲手に育ってゆくのは、安政四年に覚馬の誘いで会津へやってきたその蘭学仲間、但馬《たじま》出石《いずし》出身の川崎尚之助《しょうのすけ》と結ばれたことも大きかったようだ。尚之助は日新館に砲術師範として採用されたほどだから、その妻となった八重は「亭主の好きな赤烏帽子《あかえぼし》」の格言通り、ますます鉄砲術と砲術の腕を上げたに違いない。

その八重にとっての痛恨事は、慶応四年一月三日に勃発《ぼっぱつ》した鳥羽・伏見の戦いのさなかに起こった。文久二年（一八六二）十二月以降、京都詰めとなっていた覚馬は京で薩摩《さつま》藩に捕らえられて生死不明となり、弟の三郎二十歳は右の戦いに負傷。まもなく絶命し、身に着けていた筒袖細袴《つつそでほそばかま》だけが会津の山本家へ届けられたのだ。この形見の品に接したとき、八重には深く心に決したところがあったようだが、口にはしなかった。

四月十一日、江戸無血開城。その後、会津藩討伐に狙《ねら》いを定めた新政府軍が会津の東（白河口）、西（越後口）、南（日光口）の三方向から包囲の輪を縮めはじめる間に会津藩が洋式軍制改革を急ぐと、八重は白虎士中二番隊の隊士となった隣家の次男伊東悌次郎《ていじろう》に乞われてゲベール銃の撃ち方を伝授してやった。悌次郎はまもなく飯盛山で自刃《じじん》する白虎隊十九士のひとりだが、ふたりの稽古風景についても八重自身の回想がある。

「そこで妾《わたし》は『ゲベール銃』を貸して機《はた》を織りながら教へましたが、最初の五六回は引鉄《ひきがね》を引く毎《ごと》に眼を閉づるので、その都度臆病々々と妾に叱られ案外早く会得《えとく》しました。次に櫓《やぐら》（照尺のこと・筆者注）の用法や各種姿勢の撃方《うちかた》などを教へ、大概出来たので、今度は下髪《さげがみ》（前髪・同）長ければ射撃の動作を妨ぐる理由を説き、之《これ》を短く断《きっ》てやりましたが、特に厳格な伊東家に無断で断髪したのは乱暴極まるとて、痛く母に叱られました」（『会津戊辰戦争』増補版）

会津人は頑固だ、とよくいわれる。八重の場合は、思いこんだことは徹底的にやりぬかなければ気の済まない性格だったようだ。

弟の敵を取らねばならぬ

しかも戦況は日ごとに会津側の不利となり、七月二十九日には隣藩である二本松藩の霞ヶ城が落城。白河口新政府軍はさらに進んで会津藩との国境母成峠《くにざかいぼなりとうげ》を突破し、八月二十二日には会津藩領猪苗代《いなわしろ》へ侵入した。

砲声が若松城下（現・会津若松市）にも殷々《いんいん》と伝わる中、会津藩は同日夜のうちに城の「火事鐘」が打ち鳴らされたら婦女子も城へ走れ、と藩士たちの各家に伝えた（間瀬みつ「戊辰後雑記」）。すると二十三日の「朝六ツ半時頃（午前七時）」、その「火事鐘」が打たれたので藩士とその家族たちは城へ急いだ（同）。

女たちには死出の旅が近づいたことを覚悟し、紋付の晴着をまとって薙刀や大刀を手にした者が珍しくなかった。なかでも、変わった身仕度をしたのが八重だ。八重は手早く三郎の形見の筒袖細袴に着更《きが》え、両刀をたばさむと、七連発のスペンサー銃とその弾丸百発入りの袋を持って程近い西出丸へ駆けこんだのだ。

最新鋭のスペンサー銃は白河口戊辰戦争がつづくうちに新政府軍が

使用しはじめたもので、なぜ山本家にこの銃があったのかはまだわかっていない。覚馬が横浜の外国人武器商人から買いつけ、家に残していったものだったのかも知れないが、これは騎銃として開発されたタイプなので馬上で操りやすいよう銃身が短くデザインされており、その分だけ女性にも使いやすいという利点があった。

男装し、武装した自分の姿をのちに八重は「まるで弁慶の七《なな》つ道具を背負うたよう」と形容するのだが（吉海直人「新島八重子刀自懐古談」、『同志社談叢』二十号）、八重の飛びこんだ鶴ヶ城は落城の危機に瀕《ひん》していた。郭外《かくがい》（町家）と郭内《かくない》（武家屋敷町）を隔てる若松城下最大の郭門甲賀町口《こうかまち》が新政府軍に突破され、その甲賀町口と鶴ヶ城北出丸とをつなぐ追手道の甲賀町通りへ入りこんだ敵兵たちは、北出丸へ迫りつつあったのだ。

それと気づいた八重は西出丸から本丸を経て北出丸へ走り、猛反撃を開始した。北出丸とは鶴ヶ城本丸の北側へむかって逆凹の字形に張り出した曲輪《くるわ》であり、その外まわりには幅半町（約五五メートル）ほどの外堀がある。その外堀に並行して走る本一《ほん》ノ丁の通りは、さらに北からのびてくる甲賀町通りと逆Tの字形に交《まじ》わっていた。

鉄砲狭間《ざま》（銃眼）の切ってある北出丸の白壁に駆け寄った八重は、火縄銃かゲベール銃しか持たない留守居の老兵たちを励まして銃撃戦を開始。北出丸へ入る城門がどこかわからず目の下の本一ノ丁に散開していた新政府軍を撃ちすくめ、のちには城壁の一部を破壊し、四斤山砲の砲身をその穴に差しこんで応射をこころみた。

そのときの覚悟のほどを、八重は四十一年後にこう述懐することになる。
「私は、弟の敵《かたき》を取らねばならぬ、私は即ち三郎だといふ心持で、その形見の装束を着て、一は主君のため一は弟のため、命のかぎり戦ふ決心で、城に入りましたのでございます」（「男装して会津城に入りたる当時の苦心」、「婦人世界」明治四十二年〈一九〇九〉十一月号）
たしかに八重たち守兵の気迫はすさまじく、新政府軍のこの日の先《せん》鋒《ぼう》だった土佐藩は軍監小笠原唯八をはじめ死者十八、負傷者三十八を出して後退する始末。代わって登場した薩摩藩二番砲隊の隊長大山弥助（のち巌《いわお》、元帥・公爵）も、右太腿《ふともも》に貫通銃創を受けて後送される羽目になった。

八重は洋式砲隊の編制法を承知していたから、その隊長が指揮旗か指揮杖を振って発射命令とすることも知っていた。その隊長を撃ってしまえば砲隊は一時的とはいえ指揮者を失うわけだから、そう考えて大山弥助を狙撃したのは八重だったのではあるまいか。

兄、覚馬との再会

さて、八重たちの奮戦によって落城の危機は去り、国境方面からの帰城者も相ついだため、鶴ヶ城における籠城戦は丸一カ月間つづいていった。しかし、籠城して息をひそめていては勝機が見えなくなるから、夜陰に乗じてひそかに出撃し、敵を殺傷しようと考える者もいた。八重もそのひとりであり、八月二十四日夜には次のような一幕もあった。

「密《そっ》と仕度をして大小を差し『ゲベール銃』を携へ、夜襲隊と共に正門から出ました、門を出て暗闇を進んで行くと敵の姿がちらほら見えたので、ソレッとばかり斬込みました、無論喊声《かんせい》を揚げずに勝手次第に斬込んだので、敵の周章《うろたえ》加減は話になりません（略）、妾も命中の程は判りませんが、余程狙撃をしました（略）、夜襲に加はつたのは女では妾一人であります」（『会津戊辰戦争』増補版）

このとき八重がゲベール銃を使ったのは、より高性能なスペンサー銃の弾丸を節約するためだったのか。いずれにせよ逆襲を喫した側が仰天したのはもっともだが、同月二十五日以降の八重は東山寄りの独立高地小田山に造られた新政府軍砲台に対し、尚之助とともに城内から砲戦を挑んだ。

その姿を記録した籠城会津藩士もいた。

「流石《さすが》ハ砲術師範ノ家ノ女ナリ、大砲ヲ発スル業《わざ》、誤ラズ敵中へ破裂ス、諸人目ヲ驚《おどろか》ス、身ニハマンテルヲ纏《まと》ヒ、小袴ヲ着ケ、宛《あたか》モ男子ノ如シ」（荒川勝茂『明治日誌』）

マントを着用した八重は率先して断髪した頭に桶形顎《あご》つき帽をかぶり、いつもスペンサー銃を背負っていたというから怪傑ゾロのような出立《いでた》ちだった。とても女性には見えなかったためか、八重は「三郎さん」と呼ばれていた。

さらに八重は傷病兵の看護、弾丸造り、玄米による握り飯の作り方についても種々語り残したほかに、厠《かわや》に入っているときに直撃弾を浴び、あられもない姿で死ぬことだけは御免だと思った、とまことに率直に述べている。

越えて九月八日に明治改元となり、同月二十二日に会津藩はついに降伏開城式をおこなった。同時に三の丸に移された八重が、当夜、頭上に輝く名月を見上げつつ雑物蔵の外壁にかんざしで刻んだ和歌は、会津籠城女性たちの思いの丈を表現した絶唱といってよい。

明日の夜は何国《いずこ》の誰かながむらんなれし御城に残す月かげ

籠城の藩士たちが猪苗代謹慎を命じられたのに対し、婦人、子供、六十歳以上の老人たちはお構いなしとされた。初め山本三郎と称して猪苗代謹慎組と行をともにしようとした八重は、途中で女と見破られて母佐久や覚馬の妻宇良《うら》のもとへ戻ったようだ（父の権八義高は出撃して戦死）。この時点で八重は尚之助と別の人生を歩むことになり、以後再会したことはなかったようなので、ふたりの夫婦関係はこのころ消滅したものと考えておく。

会津藩は滅藩《めっぱん》処分となり、西出丸近くにあった山本家も焼失したため、八重たちは米沢へ流れて明治四年までを送った。しかし、このとき米沢には朗報が届いた。覚馬が生きており、白内障で盲目となったものの「管見」と題した親国家論の斬新性を西郷隆盛、岩倉具視《いわくらともみ》らに認められた結果、京都府顧問に就任して活躍しているというのだ。そこで十月、佐久と八重の母子は京に上り、覚馬と実に九年ぶりの再会を果たした（宇良は離縁を希望して残留）。

若いときには体重が二十二貫（約八二・五キロ）あった覚馬は、腰も悪くしていて今なら車椅子を必要とする身となっていた。力持ちの八重は、その兄を背負ったり肩を貸したりして顕官たちとの会合につれていった。

並行して八重は女子教育施設「女紅場《にょこうば》」で働いたりしたが、注目すべきはこのころからキリスト教にめざめたことだ。元治《げんじ》元年（一八六四）に勃発した禁門《きんもん》の変《へん》（蛤《はまぐり》御門の変）から戊辰戦争終結までの間に、会津藩の戦死者は三千十四人に達していた。自身も父と弟を失ったのだから、八重は魂の救済について考えるところがあったのだろう。

日清日露では看護婦として

その八重は、アメリカ人宣教師ゴルドンの家で新島襄《じょう》と知り合った。襄は元治元年に箱館《はこだて》から密出国し、明治七年（一八七四）、宣教師として帰国した人物。翌年には覚馬の世話で、相国寺前の旧薩摩藩邸跡地に同志社英学校を創立していた。

八重と襄が結婚したのは、明治九年一月三日のこと。八重は前日に洗礼を受け、京で受洗した日本人女性の第一号となったのだ。

宣教師と男装して戦った者との組み合わせは水と油のようだが、ふたりは実は好一対の夫婦だった。襄は気が短くて怒りやすい。帰宅した襄が不機嫌な顔をしていると、

「きょうは天気のよいのに雷が鳴りそうだ」（永沢嘉巳男編『新島八

重子回想録』）

と、八重は冗談をいう。すると襄は自分の態度を妻に詫び、神に祈りを捧げるのだった。

しかし、同志社生徒たちから八重はすっかり毛嫌いされてしまった。物怖《ものお》じなどしない気性の八重は羽根飾りをつけた西洋風の帽子をかぶり、和服に靴という和洋折衷《せっちゅう》の姿で集会に出向いた。その姿で襄と一緒に二人乗りの人力車に乗ることもあれば、夫を呼ぶときはゴルドンらを真似てのことか、「襄」と呼び捨てにした。

これを怒った生徒のひとり徳富猪一郎（蘇峰《そほう》）などは、八重に「鵺《ぬえ》のような女」という渾名《あだな》をつけたほど（『蘇翁夢物語』）。何事にも保守的な京都では、肥えたからだに和洋折衷の衣装をまとうことから夫とともに出歩くことまでが非難の対象にされてしまうのだ。

だが、圧倒的に優勢な新政府軍にスペンサー銃で応戦した八重は、そんなことなど気にしない。明治十八年から発表されはじめた東海散士こと旧会津藩士柴四朗の政治小説『佳人之奇遇』に「明日の夜は――」の絶唱を詠んだ姿を絵入りで紹介されてからも、八重はそれを鼻に掛けることもなく自然体で生きていった。

夫の新島襄は、明治二十三年一月、腹膜炎を起こして大磯で死亡するが、八重のか細くはない腕に抱かれたその最後のことばは、

「グッドバイ、また天国で会おう」

というクリスチャンらしいものだった。このとき四十六歳だった八重は残る四十二年の人生を未亡人として生きてゆくことになり、二十

五年十二月には京都府会議長、京都商工会議所会頭などを歴任した覚馬のことも見送らねばならなかった。

その八重の後半生については、左のような要約がある。

「八重子《ママ》には子がなく、夫君も嗣を立てる意がなかったので、八重子《ママ》は同志社を家とし門下生を児となし、遺産全部を同志社に寄附した。その後、日清日露両戦役には看護婦として傷病兵の看護に寝食を忘れ、大正十三年十二月、皇后陛下が同志社女学校へ行啓の時、単独拝謁を賜わり、昭和七年六月、八十八才で、夫君に別れて以来四十二年間、片時も忘れることのない夫君の居ます天国へと旅立った」（相田泰三「山本覚馬」、『会津士魂』所収、傍点筆者）

右の傍点部分に少し説明を加えると、八重は明治二十三年に日本赤十字社に加盟し、のちには同社の幹事をつとめた。日清戦争中には篤志看護婦として傷病兵の看護に従事した功により、明治勲章勲七等に叙せられ宝冠章を、日露戦争中にはやはり篤志看護婦として従軍した功により、勲六等に昇叙され、従軍記章を授与されている。

ほかにも会津籠城女性の中からは、山川捨松（のち大山巌公爵夫人）、井深登世《いぶかとせ》など、やがて近代看護学をマスターする者があらわれた。捨松はアメリカのヴァッサー・カレッジに留学中、コネチカット看護婦養成学校にも通って上級看護婦の資格を取得。有志共立東京病院に看護婦養成学校の設立を促したし、戊辰戦争中、親類の遺骨を拾い集めたことのあった井深登世は、東京慈恵医院の看護婦教育所（現・慈恵看護専門学校）に学んだあと、看護婦として生きていった。

目下も東日本大震災の被災地において、医療活動に挺身している方は少なくないと思う。対して幕末維新に三千十四人という諸藩中最多の犠牲者を出した旧会津藩にあっては、八重たち生きて明治時代を迎えた籠城女性が、率先して看護活動の大切さを世にひろめていったのだった。

（「文藝春秋」二〇一三年三月号）

あとがき

歴史小説を書くために史料を集め、精読していると、小説のプロットとしては活用しにくいけれど歴史エッセイや史論のテーマにはなり得る、という題材にぶつかることがままあります。

本書に収録した諸編は、いずれもそのような「題材」を私なりに解きほぐしたり、つなぎ合わせたりして楽しく読めるよう工夫したものとなりました。以下少々、各パートについてコメントを付してみます。

「I　戦国秘録」は新書一冊分に近い長さとなりましたが、この四半世紀の間に学び、諸雑誌に断片的に書きついできた戦国時代に関する所感をベースに、初めてこの時代を総合的に論じてみたものです。書きながら小著『幕末入門』(中公文庫)の戦国版のようになれば、と思っていましたが、出来はいかがだったでしょうか。

「Ⅱ　戦国から幕末へ」には、諸雑誌に応じて執筆した二十枚ないし三十枚の歴史読物の中から、気に入りのものを配列してみました。いずれも楽しく書いたものばかりです。

「Ⅲ　歴史に学ぶ人生の風格」に収めた十二編は、これらとはやや趣を異にしています。

「人生の後半から最晩年までをいかに生きてゆくか、という問題を歴史上の人物に仮託して描いてほしい」

という依頼でしたので、ここでは人生の幕の下ろし方のみごとだった日本人に登場してもらいました。

さて、その私が会津会、会津史談会、会津史学会に入会し、それぞれの機関誌「会津会々報」「会津史談」「歴史春秋」に発表される最新研究に接するようになってから四半世紀以上を閲《けみ》しました。

「Ⅳ　私の会津史」というパートを設けたのもそのような好みの反映ですが、そのうちの「前田綱紀に帝王学を教えた会津の名君 保科正之」は、長編小説『われに千里の思いあり』（文春文庫）の下巻に述べたところを史論として論じ直したものです。

「山本八重　鮮やかな人生」は、Ⅱに収録した「戦う女たちの日本史」と併読していただくと、日本女性史をより立体的に理解するための一助となるかも知れません。

なおⅠを「夕刊フジ」に連載するにあたっては、角川学芸出版の宮山多可志氏が仲介をして下さいました。光文社文芸図書編集部を紹介して下さった「小説宝石」の小口稔編集長、それを受けてこの本の担当をして下さった吉田由香氏、文庫への収録に際してお世話になった山川江美氏にも深甚なる謝意を捧げます。

平成二十八年（二〇一六）一月

中村　彰彦

本書は、株式会社光文社のご厚意により、光文社文庫『武士たちの作法』を底本としました。但し、頁数の都合により、上巻・下巻の二分冊といたしました。

中村彰彦（なかむら・あきひこ）
1949年、栃木県生まれ。東北大学在学中に「風船ガムの海」で文學界新人賞佳作入選。'87年『明治新選組』でエンタテインメント小説大賞を受賞。'93年『五左衛門坂の敵討』で中山義秀文学賞、'94年『二つの山河』で直木賞、2005年『落花は枝に還らずとも』で新田次郎文学賞、また'15年には歴史時代作家クラブ賞実績功労賞を受賞。近著『戦国はるかなれど』は国宝・松江城を築いた武将、堀尾吉晴の生涯を描いた大河小説であり、大きな話題を集めた。

武士たちの作法—戦国から幕末へ—　下

（大活字本シリーズ）

2024年5月20日発行（限定部数700部）

底　本　光文社文庫『武士たちの作法』

定　価　（本体 3,000 円＋税）

著　者　中村　彰彦

発行者　並木　則康

発行所　社会福祉法人 埼玉福祉会

埼玉県新座市堀ノ内 3—7—31　〒352—0023

電話　048—481—2181

振替　00160—3—24404

印刷製本所　社会福祉法人　埼玉福祉会 印刷事業部

ISBN 978-4-86596-648-0